淨土資糧信願行續編

釋大安　講述

目錄

引　言　淨土法門的特質……七
一　教內真傳，他力救度……八
二　生佛感應之道……二一
（一）感應的六種形態……二三
（二）慧遠大師圖繪佛影……二五
（三）三晝夜經行治癒肺癌……二九
三　淨土文化的普世價值……三四
第一講　信心是安樂的源泉……四七
一　信之內涵……四九
二　信之功用……五三
三　淨土信義……六〇
（一）自性彌陀之信……六〇
（二）界外淨土——故鄉風月之信……六七
（三）阿彌陀佛如母憶子之信……七五

第二講　於難信法生決定信……………八七
一　起信之障………九一
（一）生滅心的陷阱…………九二
（二）認知的狹劣…………九四
（三）本能的懷疑…………一〇〇
二　起信之路…………一〇三
（一）就人立信…………一〇四
（二）就行立信…………一〇六
（三）從果入手立信…………一一〇
三　一信之後，更不再疑…………一一三
四　決定信相…………一一二
五　選擇相應的道場與善知識…………一二五
第三講　如何煉成厭欣之願力…………一三一
一　以彌陀大願作為吾人立願的依據…………一三四
二　從八苦的覺受中激活厭離心…………一五四

三　從厭離身體處下手……………一五九
（一）維摩示疾的啟示……………一六〇
（二）得了癌症怎麼辦……………一六三
四　念佛人不得懼怕死亡……………一六九
（一）生死是幻相，自性常不滅……………一六九
（二）以歡喜感恩心迎接臨終那一刻……………一七五
（三）滅劫濁惡，催生淨土情懷……………一七八

第四講　淨業正行執持名號……………一八一

一　名號具萬德……………一八三
二　都攝六根，淨念相繼……………一九五
（一）都攝六根的原理……………一九七
（二）念佛當一門深入……………一九八
（三）攝心念佛的方法……………二〇二
三　念佛的勝妙功德……………二〇五
（一）念佛減輕病苦……………二〇五

（二）念佛治癒絕症……二〇六
（三）護持道場，預知時至……二〇七
（四）父聽佛號利亡子……二一〇
（五）念佛化解厄難……二一〇
（六）念佛肉身不腐……二一四
（七）現代鸚鵡往生……二一六
（八）隨意所求，無不滿願……二一八
第五講　淨業助行圓修迴向……二二三
一　淨業三福含攝世出世間善法……二二五
二　十大願王導歸極樂的啟示……二三六
結　語　末法端賴念佛出火宅……二五三
一　法滅之時，獨留《無量壽經》住世百年……二五四
二　五濁惡世，非念佛必不可度……二五七
三　往生極樂為今世修行的唯一目標……二六七

南無阿彌陀佛

■〔晚唐〕《阿彌陀佛》莫高窟 196 窟

引言

淨土法門的特質

信願行乃淨業修持之宗要，其內涵非常深廣。本人於二〇〇五年曾經在新加坡佛教居士林講過《淨土資糧——信願行》，這十年來，隨着對淨土法門修學的深入，愈加體會到信願行的內涵如大海般深廣。在二〇一五年東林寺第八屆淨宗弘法人才培訓班上，本着教學相長的心態，來把信願行跟我們相關的內涵做一些交流。

於此擬從三個方面展開淨土法門特質的論述：一、教內真傳，他力救度；二、生佛感應之道；三、淨土文化的普世價值。茲分述如下：

一、教內真傳，他力救度

「教內真傳」這個名詞概念的施設，是從特質上將淨土一法與通途八萬四千法門，特別是與禪宗加以界別。大家知道，禪宗被稱為「教外別傳」，釋迦如來拈花微笑，維摩居士毗耶杜口，種種公案都傳達出禪宗心法向上一着、離言說相的特點。這裏的「教」指語言文字，而「教外別傳」是指超越語言文字相之本地風光，側重於「第一義諦」（空）之理法。而作為中國大乘佛法修行的另一個重要法門——淨土法門，卻具有「教內真傳之事法」的特點。稱性宣說，指示西方，建立淨土與名號之相狀，側重於「妙境界相」（有）。這裏也就顯示出淨土法門與通途八萬四千法門的不共之處，祖師大德常表達為「勝異方便」「特別法門」或「正門」。例如蓮宗第二代祖師善導大師就把淨土一法稱之為「正門」，而把通途法門稱為「門餘八萬四千」——正門之餘。蕅益大師則說，《華嚴》奧藏（十大願王導歸極樂），《法華》祕髓（一稱南無佛，皆已成佛道），十方一切諸佛所宣諸法之心要，一切菩薩修行萬行之指南，皆不出於念佛法門之外。

故知淨土法門勝妙法義無量無邊。於中，我們可拈出「他力救度」這一法義來與大家略作探究。

自力與他力是在評判修行方法及心態時常常用到的概念。龍樹菩薩在《十住毗婆沙論》中，站在大乘圓教的立場，論述一個菩薩獲得阿鞞跋致果位（阿鞞跋致譯為「不退轉」），可以通過二種修行道路。一種是難行道，就是靠自力勤修戒定慧，斷惑證真，龍樹菩薩將此比喻為在陸地上步行到達目的地；另一種是易行道，就是以信心作方便，仰靠佛力，或者說是靠他力，此易行道如水上行舟，憑藉船的力量到達彼岸。相對步行的辛苦，乘船顯然更為輕鬆快樂。在這裏，龍樹菩薩對易行道內涵的界定相對廣義，即通過稱念包括「阿彌陀佛」名號在內的十方諸佛名號，感通佛力加持，都能獲得阿鞞跋致果位。

曇鸞大師繼承了這一思想，在他著的《往生論註》中，開篇即以龍樹菩薩的難行道和易行道立論，提出無佛時代得阿鞞跋致有五種障難。隨後，曇鸞大師進一步創造性地談到，易行道不是指在這個世間得阿鞞跋致，而是乘佛願力往生淨土，到極樂世界入大乘正定聚。這樣就與阿彌陀佛四十八大願中的第十一願「正定必至涅槃願」聯繫起來：「設我得佛，國中天人不住定聚，必至滅度者，不取正覺。」這裏的「正定聚」，就是指阿鞞跋致。可見，曇鸞大師將易行道直接與憑藉佛力求生極樂淨土聯通起來了。

對於自力和他力的差異之相，歷代祖師大德多有詳細描述。曇鸞大師就曾經談到，如果有人畏懼三惡道之苦，希望走向解脫之道，那麼首先要受持戒律，由戒律修習禪定，再由禪定開發智慧，得到神通，這樣就能靠自己的力量遍遊一四天下。這就是自力之相。

還有一種，若有陋劣之人，沒有修習戒定慧的能力，力量怯弱或連毛驢都跨不上，但是，他仰靠轉輪聖王之力，乘上轉輪聖王的輪寶，同樣也能遍遊四天下，而無有障礙。這就是他力之相。

又比如有二個人，都想渡過前方浩瀚的大海。其中一人着手選種、育苗、種樹、澆灌，準備等樹木成材後，再砍伐樹木，造船，航行過海。這是自力之相。這種方法耗時久遠，甚或等不到樹木長大、大船造成，壽命可能已經終盡了。而另一人知道自力造船艱難困苦，於是他就借一條船越過大海，快速到達彼岸。這種方法就好比是依靠佛力救度。

我等眾生在這五濁惡世中，欲求快速出離生死大海，亟須仰靠阿彌陀佛的大願之船，借托佛力越過娑婆生死苦海，唯有此法才能快速抵達解脫的彼岸。

因此，修行淨土法門，首先要對自力修行之難以及仰靠他力修行之易，要有一個清晰的認知。

當吾人開始修行時，通常本能地會依靠自力，這是由於與生俱來的我執身見和我慢習氣所決定的。例如在《佛說觀無量壽佛經》中，當機者韋提希夫人遭遇宮廷政變，頓生厭離之心，發願求生無憂惱處。雖然她在釋迦佛神力的加持下觀見極樂世界妙麗輝煌，發願往生，但在祈請釋尊開示往生淨土的方法上，韋提希夫人還是站在自力的角度來請求：我願意求生極樂淨土，願佛教我思惟，教我正受。

■〔盛唐〕《未生怨故事》部分 莫高217窟

韋提希夫人希望釋迦佛給她傳授思惟修觀之法，得觀佛三昧，以此功夫往生西方淨土。這是尋求自力往生之法。釋尊也隨順他意，宣說了定善十三觀。但佛深知多數眾生根機陋劣，心念散動，靠定善一法不能平等普度，所以佛就隨自意開三福九品往生淨土之教言。

諸佛出現於世，是要以其威神願力幫助眾生出離生死苦海，圓成本具的如來藏性，這是佛的本懷。然眾生開始一般不願意接受外力的幫助，一定要先靠自己。因此，釋迦牟尼佛最初在鹿野苑首先宣說聲聞教，談三十七道品。例如證初果要斷見惑，通過修五停心觀、四念處，逐步修到第七方便行，才能以十六心斷見惑，斷見惑如斷四十里的激流水，整個過程非常辛苦。

然而斷見惑證初果須陀洹並沒有了生死，還要七次往返天上人間，進而斷上二界之思惑。即使證到二果斯陀含，還要最後一次往返天上人間。證得三果阿那含才能生到色界五不還天，在那裏修九次第定，直至證得四果阿羅漢的果位。阿羅漢斷盡見惑八十八使、思惑八十一品，所作已辦，長揖三界，不受後有，方為了斷三界的分段生死，但阿羅漢仍有變易生死（塵沙惑與無明惑）尚未了斷。在佛陀住世以及正法之時，當生證得阿羅漢果位的大修行人大有人在，但是，到了像法時代，尤其是末法時代，這條路就難以走通了。

印光大師曾多次談到三位祖師臨終示位的範例。南嶽慧思禪師臨終示鐵輪位，即圓教第十信位（初信斷見惑，七信斷思惑，八九十信破塵沙、伏無明）。這個證位的修行者很了不起，有大智慧、大神通，但是還沒有破無明，仍屬於內凡位，尚未證實相法。天台宗祖師智者大師臨終示位圓教五品位，在六即佛中屬於觀行即佛位。此位未斷見思惑，只是將其伏住，尚屬外凡位，僅憑自行功夫，還離不開三界。

蕅益大師是蓮宗第九代祖師，其臨終示位偈曰：「名字位中真佛眼，未知畢竟付何人？」這在六即佛中屬於名字即佛。這個位次不僅見思惑未斷，甚至都沒有伏住。這些祖師的本地皆深不可測，然他們的臨終示位尚且以凡夫自居，所要傳達的就是末法眾生靠自力修行難以出離三界的深遠意義。因此，智者大師、蕅益大師均一往情深修行淨土法門，說明唯有仰靠阿彌陀佛悲願攝受往生極樂淨土，才能於此娑婆穢土，橫超三界。

我們只有深知靠自力修行了生脫死之難，才會全身心地仰靠阿彌陀佛的救度。這確實是淨土法門非常核心的、與其他法門不共的特質。在宣說《阿彌陀經》時，十方諸佛現出廣長舌相來證信、讚歎，告訴與會大眾：「汝等眾生，當信是稱讚不可思議功德一切諸佛所護念經。」在《無量壽經》中，十方諸佛有偈頌如此表達：

其佛本願力，聞名欲往生，
皆悉到彼國，自致不退轉。

這些都是十方諸佛對他力救度——阿彌陀佛名號光明救度的讚歎。十方諸佛在自己住持的剎土，現出廣長舌相遍覆三千大千世界，來宣說阿彌陀佛的本願力量，一切眾生聞信阿彌陀佛名號，願意往生極樂，都能蒙佛願力攝受往生，於極樂淨土即刻得阿鞞跋致——不退轉位。這種他力救度的成就來自於阿彌陀佛因地所發大願以及無量劫積功累德的莊嚴成就。

阿彌陀佛以大悲願力和無緣大慈，將佛果地上的福德智慧平等恩賜給一切凡夫眾生，所以稱之為不可思議的功德之利。對這一點，我們要信解、接納、依教奉行。為甚麼修行要靠他力？因為我們業障深重、智慧淺薄，通身都是業力，靠

■〔中唐〕《法華經變之譬喻品》莫高 159 窟

自己如何了脫曠劫以來的生死大事？阿彌陀佛的他力救度，就是吾人了脫生死的增上緣、強緣。雖然吾人有正因佛性，有解脫的渴望，也有相當的出離心，但如果沒有他力的救度，還是無能超越三界火宅的。在這樣的五濁惡世中，我們就像行走在沼澤地帶，越掙扎，陷得越深；我們就像在生死大海湍急的漩渦中，隨時可能遭受滅頂之災；我們就像孩童碰到水火風災，毫無逃生之力。值此危難之時，只有趕緊呼喚大慈悲父的救度，才能脫離輪迴險路。所以善導大師說，五乘行人得以往生，全憑阿彌陀佛大願業力作增上緣。這不是靠自己力量所能實現的。

由於他力救度的特點，淨土法門與通途自力法門之間存在着諸多的不同。通途佛法修行，首先要開悟，即見道，在見道的基礎上才能修道，由修道而證道。簡而言之，信、解、行、證是通途佛法修行的必由之路。

但淨土法門很特別，修淨土法門並不要求開悟、見道，只要以信心作方便，即可契入。這種信心體現為相信釋迦牟尼佛所宣說的「二有」：從是西方，過十萬億佛土，有世界名曰極樂。其土有佛，號阿彌陀。

淨業行人相信有極樂淨土，相信有阿彌陀佛，並信解極樂世界無盡莊嚴，從而生起欣慕極樂、厭離娑婆之心，以信願心執持名號，求生淨土，即可當生獲得解脫。

這種信心是以釋迦本師的開悟作為自己的開悟，釋迦本師在菩提樹下，現量親證有極樂世界，有阿彌陀佛。誠如蕅益大師所云：「故一聲阿彌陀佛，即釋迦本師於五濁惡世所得之阿耨多羅三藐三菩提法。今以此果覺全體授與濁惡眾生，乃諸佛所行境界。」（《彌陀要解》）蕅祖此處所示，意謂釋尊亦是念佛而成佛的。是故吾人不必去求其他的開悟之門。信受奉行，對修行淨土法門至關重要。

又如，修行通途佛法，一定要強調戒定慧三無漏學，由戒生定，由定發慧，由慧斷惑，由斷惑而證真如法性，了脫生死。顯然，淨土法門的修行更為直捷，只要信願持名，即使沒有斷惑，煩惱還在，也能蒙佛接引，橫超三界，一往生淨土，即得不退轉位。

再如，修行通途佛法，一定要對今生乃至多生多劫的業障有極重的懺悔意識，修行人必須要懺其現行業障，否則這些業便會障道。而淨土法門是帶業往生之法，淨業行人能懺除業障，固然很好，若懺不掉也無妨，可以乘佛願力，帶業往生。凡夫的業障猶如四十里的大石頭，放在航空母艦上，它不會沉到海底去。

事實上，無量劫以來，我們造作的惡業無量無邊，若此惡業有體相，盡虛空界都無法容納，我們又能懺除多少呢？因此，淨土法門帶業往生的特點尤為殊勝，能令凡夫不斷煩惱而橫出三界。極樂世界的凡聖同居土圓融上三土（方便有餘土、實報莊嚴土、常寂光土），往生凡聖同居土就等於往生到上三土，能與諸上善人俱會一處。淨土法門是一條捷徑，所證之果又非常勝妙，這也就構成了難信的特點。

淨土法門是修行徑又徑，是快速成佛的法門。而快速成佛還是來自於他力，沒有阿彌陀佛的願力加持，眾生亦無法獲得速疾成佛的效果。

比如阿彌陀佛的第十八願——十念皆生我國願，表明我等眾生只要至心信樂，欲生彼國，乃至十念，蒙佛願力，皆能往生極樂世界。一往生極樂，便永遠終止了在三界無休止的輪迴。因此我們乘佛第十八願的願力，就能脫離生死苦海，到達極樂彼岸。

同樣，乘阿彌陀佛的第十一願——正定必至涅槃願，往生者都能得大乘正定聚，必至得大乘涅槃，這也是憑藉他力快速成佛的體現。我們知道，在通途佛法中，凡夫從初發菩提心修道直至最終圓成佛果，整個過程非常漫長，而且還會進進退退，甚或進一退九。即使修到七地菩薩的位次，仍然有可能取證偏真涅槃，更何況其他下地位次的菩薩。但往生到了極樂世界的諸天人，直趣大乘的佛果，中途不會退轉。

阿彌陀佛第二十二願——菩薩一生補處願也告訴我們，在佛力加持下，能夠讓淨業行人超出常倫諸地之行（即超越通途菩薩證位次第），速疾到達一生補處之

■〔中唐〕《阿彌陀佛》莫高45窟

位。修行通途佛法，是要一個台階一個台階走的，首先要在十信位開根本智，發菩提心，然後破一品無明，得圓教初住位，經由十住、十行、十迴向、十地直到等覺菩薩，這四十一個位次是步步增進，不能躐等的。但在淨土法門中，往生者到極樂世界或可在念不退中頓然超越四十一個階位，成為一生補處菩薩，快速成就大乘佛果。

可見，業力凡夫從離開無量劫的生死輪迴到修因證果的全過程，自始至終都貫穿着阿彌陀佛的願力加被。

徹悟大師在《念佛伽陀教義百偈》的第一偈中就談道：「一句彌陀，我佛心要，豎徹五時，橫該八教。」意謂這一句「南無阿彌陀佛」是釋迦牟尼佛悲切救度眾生的心要，將釋尊欲令一切苦難眾生快速離開三界火宅、圓成自性本具佛道的本懷和盤托出。從華嚴時、阿含時、方等時、般若時，直到最後的法華涅槃時，釋迦本師都在宣說念佛法門。念佛法門的宣說是通五時來說的，只要眾生根機成熟，佛即不失時機地開演此法，這種他力的救度對於濁惡穢土的眾生至關重要。印光大師也常常表達：九法界眾生離開淨土法門，上不能圓成佛道；十方諸佛捨棄這個法門，下不能普度羣萌。

為甚麼這樣說？這其實還是針對能否有他力救度這個核心點來說的。如今我們已是人身難得今已得，又在這炎炎火宅之中幸聞淨土他力救度的勝妙方便之法，因此，一定要信受接納，生起決定的信心，登上阿彌陀佛的大願船，直接抵達解脫的彼岸。若不能這樣去承擔，那就非愚即狂了。

二、生佛感應之道

淨土法門的第二個特質是生佛感應之道，在關於他力救度的述說中，就已經傳達着感應道交的原理了。

（一）感應的六種形態

感應的事相、事跡，我們可能在日常生活或修行中多少都會感受到一些。一般感應之跡有六種形態：

第一種是顯感顯應。今生至誠信佛、拜佛、念佛，以現生能感之機得到佛力的加被、救度，這叫顯感顯應。這在僧俗二眾修行中出現的感應事例，有目共睹，容易採信。

第二種是冥感冥應。過去生中曾經信佛念佛，今生並未修行，由於這往昔的善根，今生得到佛力暗中加持，從而逢凶化吉，遇難成祥。例如在車禍、空難中，可能同車、同機的多數人都不幸罹難，卻有個別人九死一生，保全了性命，這樣的事例多有發生，但吾人沒有宿命通，便將此事視為偶然，或云某人運氣好。實則裏邊是有因果關聯，倖存者得佛力冥加的。

第三種是冥感顯應。過去生曾經有信佛修行的善根，而今生沒有修行，但遇特殊厄難機緣，現生蒙佛感應加持，避免災禍。感恩佛德，卻未察覺乃是自己往昔善根所感。

第四種是顯感冥應。今生精勤修行、念佛、拜佛，似乎沒有明顯的感應，但冥冥中自有佛力加持，令其災禍消弭在萌芽狀態。須知，平安即是福。

第五種是亦冥亦顯感而顯應。過去生曾有修行善根，今生也接續修行、念佛，佛力於今生顯現感應加持。

第六種是亦冥亦顯感而冥應。過去生和今生都在修行，以此能感之機得到佛力冥冥中的加持，吉祥如意，如上醫治未病，並無症狀讓人察覺，即為佛力「冥應」。雖然以上感應事跡的形態有多種多樣，但感應之理卻是一以貫之，而非一般凡夫所能透徹理解的，這即是宗教的神祕之處。

佛通過大乘經典不斷傳達一個訊息：我們生活在這個地球上不是孤獨的，十法界中有無量的剎土，有無數的生命形態，眾生的種類、長相、樂欲、壽命等千差萬別。眾生業力不可思議，佛菩薩作為一個慈悲的、至高的生命形態，時刻都在關照着我們，與我們的心行產生密切的關聯。如因陀羅網的珠子，珠光互攝互滲相即。

《華嚴經》中有偈頌曰：

佛身充滿於法界，普現一切眾生前，
隨緣赴感靡不周，而恆處此菩提座。

意謂在整個法界中充滿着佛的能量和訊息，它能普遍顯現在一切眾生面前，就如同天上那輪月亮能普遍映現在一切江河湖泊之中。只要眾生機緣成熟，佛就立即隨緣赴感，無一遺漏地，不失時機救度眾生。

雖然佛的化身應一切眾生的機緣而現前救度，但其報身如如不動。所以佛能在一念中隨眾生機感，遍法界應。法界無量剎土，無量眾生，一旦眾生能感之機具備，佛便在一念中與之相應，這種能感和所應是即時的、不隔的。古人常常將其比喻為洪鐘待叩，洪鐘宛在，眾生一叩即響，大叩大響，小叩小響，不叩不響。

又如天上雖然只有一輪明月，但無論人們向何方移動，都會覺得月亮是在隨己而行。而且神妙的是，各地的水中所顯現的都是全月，不差半分。佛心也是如此神妙。佛心無為、無心，但法性含裹虛空，無量剎土盡收其中。佛無心無不有心，以眾生心為心，以眾生境界為境界。這種無作妙用如洪鐘明月，不謀而合，無緣而應。

■〔晚唐〕《千手千缽文殊》莫高144窟

（二）慧遠大師圖繪佛影

在世間所有學問中，感應之道非常深邃。蓮宗初祖慧遠大師在一生的修行實踐中，對感應之道體會甚深。縱觀大師一生德業，能清晰感受到這一點：大師曾三次於定中見阿彌陀佛；大師想建東林寺時，山神協助從出木池現出木材得以啟建東林寺（所建大殿稱名為「神運殿」）；大師在江邊至誠祈禱，金文殊像浮出水面，遂迎請入寺建閣供養（後在文革中毀失）。慧遠大師曾與東晉名士殷仲堪共同討論《周易》。殷仲堪問：「《易》以何為體？」慧遠大師回答：「《易》以感為體。」感應之道確實是他在宗教實踐、體驗中已經證明了的。正因為慧遠大師深切地相信、理解感應之道，所以一生中才會出現種種不可思議的情形。

這裏我們以一個具體的例子詳述慧遠大師的感應之跡。慧遠大師曾經作過五首《佛影銘》，描述自己在東林虎溪旁遙見萬里之外洞窟所現佛影的神奇感應。

慧遠大師曾跟隨道安大師學習佛法教理二十餘年，宗教情懷一直非常深厚，常常向西域來的法師探詢，希望瞭解各種奇特的感應之跡，用以堅固自己對一種超然的存在產生信心。當時，有位法師就給慧遠大師講述了佛陀於石窟中留下佛影教化毒龍的故事。這條毒龍居住在那揭羅喝國的洞窟中（今阿富汗境內），常常出洞傷人，佛陀為了教化毒龍，就到洞窟中為其宣說佛法。毒龍對佛很有信心，見到佛陀相好光明，毒心自然息滅，並從佛受戒，永不殺生。牠請求佛陀常住此窟，不要離開，因為佛陀一旦離開，牠或又會毒瞋發作，傷害眾生。

佛陀慈悲默應。但忉利天王等就有些不悅：佛陀是一切眾生共有的，怎能為毒龍獨佔？於是，佛就以善巧方便在洞窟中留下佛影，就像一面鏡子，隱約有佛顯現其中，而且還能講經說法。當年佛馱跋陀羅尊者、法顯律師以及後來唐代的玄奘大師都曾經前往洞窟中親身瞻禮，並見有佛影放光瑞相。

慧遠大師聞此神跡後很有信心，意欲在一萬五千多里之外的廬山以至誠心感見佛影。於是他在虎溪之畔，背山臨流處，築造龕室，日夜祈禱。「感徹乃應，扣誠發響」。不久，佛影果然影現在虎溪的水流中，慧遠大師就「淡彩圖寫」，依顯現的佛影作畫。這幅佛影圖望似輕霧，若隱而顯，一傳寫到京都，就引起當時朝野震動。

諸佛如來以種種方便度化眾生，《華嚴經》中就有以光影度眾生，普現十方剎土的解脫門，即是佛以光影度眾生的一種感應。在蓮社諸賢的念佛修行實踐當中，包括劉遺民居士等多人都有感應經歷。又如唐代懷感法師，稱念佛名，便得見佛。又如蓮宗五祖少康大師，唱佛一聲，眾見一佛從口中飛出，唱佛十聲，則有十佛從口中飛出，如連環珠狀。此等靈驗，萬萬千千。

這些極具宗教內涵的感應事跡在一般世間人看來，都覺得是子虛烏有的神話，但它確實真實存在，屬於不可思議的境界，且有其深奧的原理。所以《周易》以感應為體。孔子所作的《繫辭傳》就談到易之體「無思也，無為也，寂然不動，感而遂通天下之故，非天下之至神，其孰能與於此」。易的體性無思，離開思維，無為，不加造作，寂然不動，但有感就顯現卦象，傳達吉凶悔吝的訊息，這種神妙可謂「不疾而速，不行而至」。蓮池大師曾以此來比喻執持彌陀名號速成佛果的勝異是徑中之又徑，而修其他法門則是「疾而後速，行而後至」。從常識來看，一定要跑得快才有速度，一定要行走才能到達目的地。但感應之道卻非如此，它超越了經驗常識，在心性感應層面，沒有快步跑便具神速，沒有開步走就到達了終點，這就叫神妙。阿彌陀佛臨終接引眾生亦復如是神妙。

極樂世界距離此娑婆世界十萬億剎土之遙遠，我們能行走去嗎？我們能坐太空探測器去嗎？即使以接近光速的速度去，也需要相當長的時間。但為甚麼佛經中都說彈指間、一念間、屈伸臂間就能去極樂世界？這是只能在「不疾而速，不行而至」的感應之道下才能實現的神妙，它已經超越了邏輯思維或理性主義者所能考量的範疇。

（三）三晝夜經行治癒肺癌

當代念佛行人對感應之事也是有驗證的。東林寺每月舉行十天百萬佛號閉關活動，常常出來的時候，會有些信眾談一些體會，很有點不可思議，但是這些信眾不會說假話的。茲舉一例。

內蒙有一位居士，原來一九九四年之前都不信佛，說她信佛的因緣可是奇特。有一天晚上，她正在看電視。忽然好像被一個人用個麻袋一裝，裝到一個殿堂去了。有一個好像仙女一樣的人站在她面前，跟她說甚麼，還有一個穿紅兜兜的小孩，還有一些很高大的人在這裏又說又笑。但是她就是看到她的丈夫就在門外，便大聲向他呼救，她丈夫的手伸進來拉她，門卻關了，這時她看見關上的是一個寺院的朱紅色的門。此時，那個仙女一樣的人叫了五隻大雞過來，圍着她，她心裏一害怕，嘣的一下就回到了她原來的電視旁邊。這個過程都不是在做夢，很清晰，所以她就希望她的丈夫帶她到那個寺院看看。那是離呼和浩特有二十

■〔西夏〕《接引圖》千佛洞第七窟

多里的金山的一個寺院，是一個尼眾寺院。但由於冬天冰天雪地，路不好走，當時沒去。第二年開春的時候，她的丈夫帶她到寺院去。她一看就很清晰：哦，這就是我上次來的地方。而且一看寺院那些塑的像，就是當時對她又說又笑的一些像，一模一樣。而且那個穿紅兜兜的小孩就是善財童子，就是他拿麻袋把她兜過來的。她就在那說：「哎呀，這我很熟悉，當時他說了甚麼……」寺院的比丘尼還呵斥她：「你對佛菩薩不要這麼不恭敬。」就問她怎麼回事，她把這個因緣說了。比丘尼就給她傳授三皈依，教她念阿彌陀佛。她當時覺得念「阿彌陀佛」很拗口，乾脆念「南無阿彌陀佛」，念六字，她就開始念佛。

到了二〇〇八年，她得癌症了，肺癌晚期。當時我曾經也在呼和浩特講過經，她也去聽過，在講課當中聽到我們東林寺有十天百萬佛號閉關活動，她就非常地神往，打了很長時間電話，終於得到了一個機會，就來東林寺閉關了。這時候她已經是病得很嚴重了，頭髮都大把大把地掉，走路都非常吃力。監香師看到她病得這個樣子，不讓她去閉關，結果她很誠懇地求，求得監香師覺得心一軟，就讓她閉關。這次閉關，她有感應。她在第一天、第二天確實很難念，念得有時候是摔倒在地上。但是她很頑強，摔在地上還要爬起來，爬起來再念，就是拼命念。第三天，她就看到紫磨真金色的阿彌陀佛站在關房的牆上，開始看得是影影綽綽，不是太明晰，後來是越來越顯赫明顯。而且就在佛相顯現旁邊還有四個字，叫「勇猛精進」的七彩的大字。她一看，這也在提醒她勇猛精進。所以這位居士就是拼命念，她就不睡覺地念。這樣又念了兩天，忽然感覺自己來到了一條江邊，有一條船上有很多人。她就問：「你們到哪兒去呀？能不能帶我去呀？」那些人說：「我們要到江南去救一個危險的病人，我們不能帶你去。」沒有上船，之後她就一個人回來。回來的時候，遇到一個人，給了她一碗黑黑的花椒水給她喝。她也端過去，咕嚕咕嚕喝下去了。她繼續上路，又碰到一個人，端了一大桶的黑水讓她泡腳，她也很愉快地泡腳。泡腳之後，又覺得有人用電風扇給她吹腳，她覺得很舒服。這個過程，她是一邊在關房裏面手拿着念珠經行念佛，一邊這些境界就同時呈現。

所以，她就三天三夜不睡地精進念佛下來，等到她出關的時候，她的癌症全都好了。（參見《淨土》二〇一六年第五期《廿載念彌陀，感應妙難思》）

此外，或因重病，至誠拜佛，感得夢中佛為其治癒疾病；或為懺除業障，於念佛中，冤親債主現於腦海，懇切稱佛，得以消除的；或為對治懈怠放逸，在關房或一日一夜，或十日十夜，持續不斷念佛，身心康樂的；或臨命終時念佛，見到蓮華或聞異香往生，荼毗燒出諸多五彩舍利花的。如此等等，不勝枚舉。

由此可知，我們是否能與佛感應，感應的效果到底如何，其實不在於佛，而在於我們自己。為甚麼要有至誠心？心越至誠、越懇切，就越能感通得上，因為阿彌陀佛的所應與我們是沒有距離的。正如《觀經》中所言：「諸佛如來是法界身，入一切眾生心想中。」阿彌陀佛是法界身，入到了一切眾生的念頭裏面，因此我們一有求助、求救的念頭，阿彌陀佛就馬上呈現，就是這麼神速、這麼有效。如果是沒有這種宗教體驗的人，他想破腦袋也想不出這有甚麼道理，哪裏有這回事啊？阿彌陀佛所應的力量，就是他力的力量。我們要相信這個「他力」的存在，它是遍法界的存在，而且就存在於我們的念頭當中。這種「他力」所應來自於佛，佛具有無緣大慈、同體大悲，佛將一切眾生視作獨生子，如羅睺羅。佛以大平等、大慈悲之心，來回應一切眾生的呼救，不會因為能感眾生的身份不同而區別對待。所以，是否能夠得到佛力的加持，完全取決於我們的能感之機是否相信、是否至誠，是否全生命地投入。這其中也包括往生這樁大事，我們能不能往生，就在於能否一往情深地仰靠阿彌陀佛的力量，把自己全部放下，全身心地靠倒！當至誠能感建立之後，阿彌陀佛所應的救度力量、願力和光明便即刻體現出來，從佛不失時機的應以及對眾生絕對救度的層面而言，淨土法門是萬修萬人去的。但如果眾生有懷疑，不能全生命地將自己交托給阿彌陀佛，那麼也可能就是易往而無人了。可見感應道交難思議是淨土法門不共的特點，深信感應之道的存在，是作為念佛行人必具的信念。若心有懷疑，便於淨土一法，不得其門而入了。

三、淨土文化的普世價值

當今世界有一個全球化或地球村的概念，這涉及到不同的文化背景、不同的文化傳統、不同國家之間的交流互鑒。地球各種不同的文明形態之間不應該只是相互衝突，而應該是和而不同，多元文化和諧共處，相得益彰。所以當代出現了呼喚普世文明或普世價值的聲音。

如今在以歐美國家為主導的國際大背景下，人們可能本能地會把西方文化作為普世價值的依據。但在全球化進程當中，人類如何和睦共處、消弭衝突，文化交流如何相輔相成，這些都是這個時代所必須面對的重大問題。於此，我們有必要對淨土法門所傳達的，由阿彌陀佛願力所彰顯的法界文明形態有所認知，這種文明形態不僅具有普世的價值，甚至具有普法界的價值。瞭解這種法界文明形態之後，或可從中獲得療救現代文明弊端的良方，建立一種全新的生命意義與價值啟迪。

人被稱為萬物之靈，我們來到這個世間，走過幾十年的生命歷程，應該賦予這一生怎樣的意義？這是一個需要我們每個人去拷問、去思惟、去回答的問題。否則只是靠無明和欲望的推動，「飲食男女」這樣渾渾噩噩地度過一生，這樣缺乏精神品質的生命還有意義嗎？所以每一個對自己生命負責的人都會去探尋人生的意義所在。但這個問題常常被大多數人所忽略，一輩子過得非常盲目，追求權位、追求財富、追求知名度。也許到了某個時節點，他會發現之前所追求的一切都是虛妄的，毫無意義。

據報導，世界頂尖的科技精英史蒂夫·賈伯斯，在他臨命終時，對於生命的終極價值有過一些反省，他因病去世時，年僅五十六歲。當賈伯斯身患絕症時，他回憶自己的一生，就是為了追求財富和成功而終日忙碌，如今面對死亡，他才感到，自己所獲得的一切財富、一切成功、一切榮譽都是毫無意義的。他臨終的渴望，居然是希望用自己一生的財富、榮譽來換取與蘇格拉底共飲一次午茶。他為甚麼會想到蘇格拉底？蘇格拉底會給他甚麼樣的人生意義呢？

蘇格拉底一生都在用對話的方式啟迪一切有緣人。大家都認為他是整個雅典最有智慧的人，他聽到這個評論時很吃驚，最後他終於明白了一個道理：大家認

■〔唐〕《佛傳圖》莫高17窟

為我是最有智慧的人，是由於我知道自己的無知。所以蘇格拉底最著名的一句格言就是「認識你自己」。一切人都在認識外界，都在琢磨外境，很少有人迴光返照，去面對自己的內心，面對自己無量劫以來的生命，面對自己的價值觀。蘇格拉底知道自己無知，而且希望把自己頭腦中的理論、觀念全都剔除。他通過這樣的路向，啟發人們回到生命的本態，去領悟心靈最深處潛意識的真相。

無量劫以來的眾生都被假相所迷惑，錯認世間的「財、色、名、食、睡」是必須追求的東西，這就是最大的顛倒！釋迦牟尼佛示現為太子，他擁有着世間人所渴望的一切榮華富貴，但他卻把這些榮華富貴拋棄，毅然出家修道？因為這位太子意識到，當人面臨「生老病死」種種無常的時候，一切榮華富貴是毫無意義的，是蒼白而荒誕的假象。他開始思考這個問題：面對死亡，一切都是夢幻泡影，那麼在這無意義的生命當中，如何才能尋找到一個真正的、終極的意義？於是這位太子逾城出家，苦行六年，最終在菩提迦耶的菩提樹下夜睹啟明星悟道。悟道之後，他就向我等眾生傳達生命應該擁有的終極意義：世間的一切法都是夢幻泡影，在夢幻泡影的榮華富貴當中是無意義的，是荒誕的。唯有不生不滅的大涅槃境界才是一切眾生安身立命之處，這就是生命的本態。

西方的後現代主義者在解構工業文明以來一直被認為值得追求的事物之後，也發現一切並不是徹底虛無的，仍然有一個真正的意義。這個終極意義，或者說終極價值、終極真理就存在於那裏。這就是一切眾生安身立命之處，這就是不生不滅的大涅槃境界，這才是一切眾生生命當中的本態。然而我們已經迷失得太久，早已遺忘了這個真如自性，捨父逃逸，去追求那些虛幻的、毫無意義的東西，並由此起惑造業，釀成這五惡、五痛、五燒的濁世。所以現在要重構或者重現這樣的九法界眾生的終極意義。在淨土法門，一個眾生的終極意義就是信願稱名往生極樂世界。為甚麼？只有這一點才能出離虛幻的六道輪迴，才能得到自性涅槃的常樂我淨。這是十方諸佛要在自己的剎土，要不斷示現到他方剎土，惠以眾生真實之利的一樁大事。所以現在要重構或者重現這樣的九法界眾生的終極意義。在淨土法門，一個眾生的終極意義就是信願稱名往生極樂世界。為甚麼？只有這一點才能出離虛幻的六道輪迴，才能得到自性涅槃的常樂我淨。這是十方諸佛要在自己的剎土，要不斷示現到他方剎土，惠以眾生真實之利的一樁大事。

人類的生存在現代遇到了前所未有的危機。有識之士悉在尋求拯救之良方。德國哲學家卡爾・雅斯佩斯在二十世紀四十年代末提出「軸心時代」的命題，在國際學術界很有影響力。他認為，「西元前八百至西元前二百年為人類文明的『軸心時代』，在這個時代，蘇格拉底、柏拉圖、以色列先知、釋迦牟尼、孔子、老子，創立各自的思想體系，共同構成人類文明的精神基礎，直到今天，人類仍然附着在這種基礎之上。」

地球人類的心靈依靠軸心時代這些偉大的宗教家和思想家的睿智引導，才能避免相互殘殺毀滅的厄運，令文明蹣跚地走入現代。可以說軸心時代的思想高度，是以後人類所不可逾越的。從這個意義上來說，信而好古、述而不作不失為作學問的智慧選擇。

進一步來說，如果一個時代遇到危機，亟須挽狂瀾於既倒之際，一定要重新回到軸心時代的思想理念當中，才能重新獲得永恆的生命力，重新燃起思想的火炬。對軸心時代潛力的甦醒和回憶，其實就是文化的復興，而這些復興總是為人類提供源源不斷的精神力量。

佛教就是軸心時代思想夜空中一顆燦爛的明星，而淨土法門又是羣星當中最閃亮的一顆。無論是《華嚴經》毗盧遮那佛所展開的華藏世界的文明形態，還是阿彌陀佛以四十八大願稱性而出的極樂世界的文明形態，都令人歎為觀止！尤其極樂世界在整個法界當中成為首都的這麼一個核心地位，所以十方無量的菩薩萬水朝東，如奔騰到海一樣地奔赴到極樂世界去。《觀無量壽佛經》中，釋尊自開淨業三福：「欲生彼國者，當修三福。一者孝養父母，奉事師長，慈心不殺，修十善業；二者受持三歸，具足眾戒，不犯威儀；三者發菩提心，深信因果，讀誦大乘，勸進行者。如此三事，名為淨業。……此三種業，乃是過去、未來、現在三世諸佛淨業正因。」證知：淨業三福乃是法界文明的具化洪範。

阿彌陀佛以願力法爾自然顯現的文明形態，其特質是與實相相應的，因為阿彌陀佛契證了諸法的實相，了達一切法的空性，由他的四十八大願作為中介所顯現出來的文明形態是實相的彰顯，它就具有普法界的意義，因而對於地球文明有直接的啟迪。比如說，極樂世界的文明貫注着大慈悲心，無緣大慈，同體大悲，體現在淨業三福當中，就是慈心不殺，修十善業。

反觀我們地球的文明形態當中，自古以來就貫穿着戰爭，這都是人類貪婪、瞋恨的結果，所以軸心時代所有的思想家都在彰顯真善美慧的核心價值，都在宣傳仁慈、謙讓、無我，通過認識自己的無知，超越人類自身的缺陷。

在極樂世界，平等、自由這些概念體現得極為明晰。真正的平等心契證了諸法實相的空性，所謂一相無相。平等就是一相，一相來自無相，無相就是空性。若未悟證空性，是無法生起大平等心的。佛的無緣大慈、同體大悲是從空性當中生發出來的，而眾生都是有條件的、狹隘的慈悲。大平等心就是平等普度九法界眾生，就是平等對待一切眾生。蜎飛蠕動的眾生到了極樂世界，照樣讓牠有佛的三十二相、八十隨形好，有佛的功德受用。不會由於眾生往生前是一個國王就得到優待，也不會因為在往生前是一隻老鼠而受到歧視，極樂世界是平等的法界，對九法界眾生一視同仁。心佛眾生，等無差別。

生命的本質是追求自由的，任何的奴役、專制、約束以及被動狀態都與生命的本態不相應。在極樂世界很自由：想在極樂世界無量壽，可以；不想在那裏太久無量壽，也可以分身到他方世界去。想聽講經說法，就有音聲出來；不想聽，便寂然無聲。沐浴時，水的淺深、冷暖都可以隨着往生者的念頭自然得到滿足。一切都是逍遙自在。在人際關係中，諸上善人俱會一處，心生歡喜，沒有嫉妒，沒有鬥諍。往生者的心都是利他的，都有自他不二的心態，那個地方高度的自律，不需要員警和法官。那裏沒有「我」和「我所有」的概念，沒有私有制、沒有商業、沒有貨幣，但念頭一動，一切都能自然出現在面前，心能轉物，心物一如。

極樂世界的文明所展開的是高度審美的境界，不同於我們這個世界這麼的粗糙，沙礫、坑坎、高山、峻嶺，這些都沒有。所有的景物窮微極妙，如同天然的繪畫。那是心淨則佛土淨！在十法界當中，最高的法界就是佛法界，又稱為一真法界，極樂世界就是一真法界的最好表達。眾生的生命都是趨樂避苦的，還有比極樂世界更快樂、更安樂的嗎？無有眾苦，但受諸樂。我們在他方世界，尤其是在娑婆世界的穢土遭受了太多的痛苦。而且生命當中最高的頂點就是成佛，成為法王，於一切法得大自在、大覺悟、大智慧、大慈悲的生命頂點，這不是我們眾生最希望得到的嗎？極樂淨土所展開的一真法界文明來自實相，是稱性而出的，無衰無變，不生不滅，永恆常在，足以能夠安立九法界眾生所有的需求。在所有文明形態當中，還有比這更具有終極意義的文明形態嗎？

地球的文明日益走向科技化和市場化，世俗主義、物質享樂甚囂塵上，現代人在盲目追逐物欲的過程中，內心卻愈加空虛而迷茫，所面臨的各種社會與心靈的問題也越來越嚴重。此時，阿彌陀佛極樂世界的文明、阿彌陀佛名號的功德、阿彌陀佛普攝一切眾生往生淨土成佛的訊息，很有必要傳達給遭受種種困境的地球人類，令所有的地球人認知、相信這個終極意義，並將極樂世界的文明作為自己一生所追求的最崇高的目標。

當一個人安立在佛號當中，安立在彌陀願海中的時候，就能超越現象界人我的紛爭、財色名食睡的誘惑、為了得到名利而相互傾軋。人需要有超越的意向，為甚麼孔子教我們要「志於道」？一個人「志於道」，才不被形而下的物質欲望所困擾。沒有道的提升，就必然會在形而下「財色名食睡」的泥坑裏面打滾，是出不來的，人在江湖，身不由己。所以一個人的生命太需要這種終極的意義，安心於大道，獲得安寧，得到安樂。當一個人剝離了官位、職稱、財富、名牌等所謂的光環，他生命中到底需要甚麼？其實並不需要很多。但為甚麼我們會追求那麼多呢？為甚麼要如蠶作繭，飛蛾撲火呢？為甚麼一輩子就在為他人作嫁衣裳的無奈之中，甚至在焦慮痛苦當中度過呢？本質上就是因為沒有解決生命的終極意義的問題。生命的意義得以確立之後，人生才是有意義的，才是充實而幸福的。

存在主義哲學家都說，未經理性拷問的人生是不值得過的。我們多少人又拷問過人生意義呢？都茫然。探究人生的終極意義，還真的需要回到軸心時代，從西元前五百年前後的這批聖人那裏獲得答案。在這個喧鬧、知見繁雜、見濁熾盛的時代，是找不到終極意義的。所以這就是為甚麼多少人迷茫，無意義，要去吸毒。他也在尋找一種意義，他希望在迷幻劑當中，在內心體驗一點甚麼東西。但是，人的感覺是不可靠的，是虛幻的，想要靠藥物去找到這種意義，那是不靠譜的。

所以我們要重溫極樂世界的莊嚴，這是由佛中之王阿彌陀佛的願力稱性而出的法界文明。從這裏找到一種終極的意義，安立我們有限的人生。只要吾人具足信願，雖然身體還在娑婆世界，然已非娑婆世界之久客；雖然還沒有往生，但由於這一念信願稱名，已經在七寶池八功德水裏面有一朵標明着自己名字的蓮蕊，已是極樂世界之嘉賓。帶着這種心態，在這一期分段生死當中隨分隨力，敦倫盡分，將重心放在信願念佛、求生淨土，以淨業三福來規範自己的行為，以此世的生命作一跳板，信願念佛，臨終蒙佛接引，往生極樂，這樣的生命才彰顯本有的意義，如是念佛人即是人中分陀利華。

■〔晚唐〕《無量壽佛說法圖》莫高窟 12 窟

第一講

信心是安樂的源泉

淨土三資糧的第一個重要部分是信門。《華嚴經》中的一個偈子可以用來表達信門的內涵：「信樂最勝甚難得。」意謂信心之中蘊含着安樂、快樂，而樂當中又帶有一種希求。可知，在世出世間法中，信心與快樂悉是緊密相聯的。信樂是生命深層的動力機制，其作用最為殊勝。信樂的獲得又與智慧密不可分。尤其對大乘佛法的信心，在凡夫層面極為難得。《大乘起信論》中談菩薩從初信位起修，到十信位信心成就，那得要經過一萬劫。所以大乘佛法非常強調信心，龍樹菩薩在《大智度論》中就談到，佛法大海，唯信能入，唯智能度。

淨土法門的特點是以果地覺作因地心，具有仰靠佛力救度的殊勝內涵，因此對「信」尤為強調，我們必須對此加以深入考量，以下從三個層次展開：一、信之內涵；二、信之功用；三、淨土信義。茲分述如下：

一、信之內涵

在日常生活中，「信」字主要涉及的是人際關係，如信任、信譽等。古人以「誠」來詮釋「信」，也就是「不欺」。

但在精神信仰層面，「信」的含義非常深廣，《華嚴經》中談菩薩有十種藏，其中第一藏就是「信藏」，意為信心中蘊藏着無量的功德。而且，與通途佛法相比，淨土法門對信心的內涵還有着特別的理解。

通途佛法比如法相宗對「信」的內涵有一種界定：於實德能，深忍樂欲。「實」指在一切事相當中具有實相之理。正如《楞嚴經》中談到，「六根、六塵、六識、七大」等一切事相，其本質就是如來藏性，妙真如性，因此要相信有這個實相。「德」指佛法僧三寶的清淨的德。「能」指一切世出世間種種善法具有其功能作用。對實、德、能三者以深心去「忍」（忍，即慧心忍可），就能產生安樂、希求的信果。

淨土法門的信除了包含這些內容之外，還有以佛的果地覺作因地心的特點。因地心，就是一切業力凡夫因地當中所起的心，叫信因。在這信心的因地當中，有佛果覺的德能滲透過來。接受了佛果德的加持力，在其內心深處感通了這種力量，從而產生不共的信心，這就構成了淨土法門的正信。由此，對佛的果德沒有絲毫的懷疑，然後信願稱名，便能感應道交，臨命終時蒙佛接引，往生淨土，得阿鞞跋致，進而圓修自利利他之菩薩行，速疾圓成佛果。所以對阿彌陀佛的威神果德的信心是貫穿一個淨業行人修因證果全過程的。

一般信眾常常會問：這個信心如此重要，那我如何判斷自己是否具備信心呢？

這個問題確實不好回答，因為信心是屬於精神層面的，很難量化。雖然信心不能量化，但是具信者心性是有其特定法義的。其間消息，如人飲水，冷暖自知。略述三五：

首先，信心有澄淨之義。如人具足信心，其當下的念頭、心性就會逐步清淨。因此信心如清水珠，體性清淨，能令懷疑的濁水澄清。與信心相對立的，就是不信、懷疑。如果信心以清淨為體相，那麼不信、懷疑就是渾濁之相。清淨之相不僅能使自己清淨，同時也能令周圍的人清淨，產生信心。而懷疑之人不僅自身疑惑不斷，也會把懷疑傳染給其他人，令周邊的人不信，是故懷疑的心如同極穢之物，自穢穢他。具信者如蓮華香潔，澄淨自他。

其次，信心有決定之義。《華嚴經》講信心這一門，是以文殊菩薩為代表，文殊是表大乘根本智的菩薩。蓮宗祖師判釋信心亦屬於智慧的範疇，因為沒有甚深的般若智慧，就不可能對淨土產生淨信。《阿彌陀經》之所以要以舍利弗作為當機者，是因為舍利弗在佛陀的十大弟子中智慧第一。而在與會的菩薩當中，是以文殊師利菩薩為首。這就代表大小乘為首的弟子，都是把智慧第一放在首位。有智慧，才有決定之義，才能令信心如金剛般堅固，不會被其他觀點所動搖。

■〔五代〕《華嚴經變相》局部 莫高 17 窟

其三，信心還有歡喜之義。在真正對一種超越的、不可思議的他力救度法門產生信心之後，一定會心生歡喜。法華會上，與會的聲聞弟子總認為自己已經修行到家了（增上慢者），想不到佛陀在會中還和盤托出摩訶衍一乘法。這些聲聞弟子才發現，自己原來是流浪的窮子，而佛陀這位大富長者父親是要將所有的財寶都給自己，是要給他大白牛車，因而「心生大歡喜，自知當作佛」。有這種歡喜，就能斷除心性中的憂慮、苦惱。

阿彌陀佛名號當中也有一束光，就叫「歡喜光」。所以，如果念佛越念越歡喜，那是已經有一定信心的樣子了；如果越念越憂愁，覺得很吃虧，那說明還是有懷疑。念佛人的歡喜，根本上來說，是有一光明的願景，往生成佛度眾生。一種圓滿的終極關懷。

其四，信心還有尊重之義。尊重己靈，是心作佛，是心是佛。一念相應一念佛，念念相應念念佛。當下能念佛的心是如此的高貴、尊嚴，綻放佛德芬香。念佛人尊重自己稀有難得的生命。而且對其他賢德之人也會心生尊重，乃至於對一切眾生，不敢生輕慢之心，因為一切眾生悉是未來佛故。

其五，信心還有隨順之義，就是信順。如果具有能信之心，那對於佛陀的教敕、誨令這一所信之境就會隨順。佛遣捨者則捨，佛遣去者則去，能夠做到依教奉行。如孝子隨順父母，忠臣隨順君王一樣。

綜上所述：信心當中包含着諸多的內涵，充滿無量智慧光明的法義。《華嚴經》譽稱為信藏，真實不虛。

二、信之功用

三十七道品中，首先例列「五根、五力」，都是將「信」列於首位；百法中論述十一種善法，也是把「信」列為第一。信首先要有根——信根。上述信心的清淨義、決定義、歡喜義、尊重義、隨順義等諸多功德都是從信根而生。眾所周知，一切樹木花卉的根都深深扎在地下。尤其是參天大樹，根鬚向下向周邊的縱橫擴展，是為了尋找滋潤的水源。這種力量不可思議。因此根有能持之義，能持地面的花草樹木而不失去自己的根鬚。根鬚向下生長，很隱蔽，但為了找到水源，它伸展的力量非常強大。只有扎到有水的地方，根才有生長之義，才能使地面上的莖幹、枝葉得以繁茂。信根之相亦復如是，信根需要深扎在我們的心田裏面，而且心田裏面一定要有水，這個水就是智慧，以智慧水澆灌，才能滋養信根。在曠野沙礫地，信根無水滋潤，菩提樹就會枯萎傾覆，無能長成參天大樹。有了信根，方可談信力，力指殊勝的功能作用。《華嚴經．賢首品》中有一段偈頌，將信心的內在德能詮釋得非常到位：

信為道元功德母，長養一切諸善法，
斷除疑網出愛流，開示涅槃無上道。

信心是道元，「元」有本源之義，是一切道的本元，如同黃河長江的源頭，浩浩江河水皆出於此源頭。「元」還有第一的意思，在一切善法當中，信心是第一善法，是一切功德之母。「母」有生長、養育的含義。因此，修道要積累一切功德，皆離不開信心這一本元母親的孕育，唯有信心才能生長養育世間、三乘及圓教的一切善法。

信心以般若智慧為體性，所以能斷除一切懷疑之迷網。眾生的懷疑是以愚痴、黑暗為體性的，是我們六種根本煩惱之一，與生俱來，懷疑就像一張巨網，把一切眾生都籠罩在其中。信心能斷除懷疑之網，讓一切眾生出欲愛之流。眾生執着物欲，貪愛之心如激流水，所以無法出離三界。大乘信心首先要信一切法空寂，一切有為法如夢幻泡影，於空性中開啟大涅槃常樂我淨之道，欲令一切眾生獲得大乘佛果。即《法華經》所云：以如來滅度而滅度之。即《無量壽經》所云：惠以眾生真實之利。

■〔中唐〕《法華經變之信解品》莫高 159 窟

信心就像如意寶，稀有難得！當前，中國人普遍處於信仰真空狀態，在極為功利的物質社會中，很難去信仰超越的佛境界。於此濁世，信心「甚難得」啊！正因為難得，所以才難能可貴。如果能獲得信心，就如同獲得了生命中的如意寶珠，它是一切珍寶當中最殊勝的，一切珍寶之王，極為稀有，極為清淨，極為高貴，含蘊着無量的不可思議的功德。

信心具有這樣殊勝的德能，它不是這一世就能獲得的。為甚麼佛經常提到宿世善根呢？能相信佛法僧常住三寶的功德，尤其能相信佛的果地上所建立的淨土法門，如果沒有多生多劫的善根，聞即信受是很難的，因為淨土法義不是眾生境界之內的事情，也不是我們心意識所能琢磨清楚的事情。《涅槃經》表述信心的功德：如果一個人過去已經供養過半恆河沙這麼多的諸佛，發過菩提心，那麼，他在五濁惡世聞說大乘經教，不會誹謗。可見，僅僅是不誹謗大乘經典這一點，都要有供養半恆河沙諸佛的善根。進一步，如果曾經供養過一恆河沙諸佛，並且發過菩提心，然後在五濁惡世聞大乘經教，那就不僅不會誹謗，而且還會信受、願樂。淨土法門是大乘圓教，蕅益大師判為圓頓中最極圓頓之教，所以對淨土法門能夠信受，能夠願樂，能夠依教奉行，這需要的善根是多麼深厚！

在一般人的觀念當中，大多比較強調修行，較為漠視形而上層面信願的功德。

然大乘經典非常強調信心的功德。《法華經・如來壽量品》是釋迦牟尼佛由跡顯本的一品經，釋迦牟尼佛告訴與會的大眾：你們不要以為我是成佛四十餘年，我乃是久遠無量劫以前早已實成的一尊古佛了。緣起是當時從地下湧出了無量的大菩薩，彌勒菩薩就很驚奇：這些大菩薩從哪來？受誰教化？釋迦牟尼佛說：「這些無量的大菩薩都是受我的教化。」彌勒菩薩及與會大眾就很驚訝：釋迦牟尼佛成佛以來只有四十餘年，他怎麼會教化這麼多菩薩呢？由這個疑問就引出了《如來壽量品》。

釋迦牟尼佛告訴與會大眾：「我不僅僅是這一期成佛的，乃是早已實成的一尊古佛。」釋尊成佛時間之長，遠超凡夫所能想像和把握的範圍。比如把五百千萬億那由他阿僧祇三千大千世界都碎成微塵，然後往東方過五百千萬億那由他阿僧祇的刹土下一點微塵，接着再過五百千萬億那由他阿僧祇的刹土再下一點微塵，直到把所有的微塵全部下完，那得有多少世界？我等凡夫是想不出來的，甚至把地球上所有的電腦都集中起來進行雲計算，都算不清楚。然後再把點過的和沒有點過的這麼多世界全都碎成微塵，將一個微塵視作一劫的時間，釋迦牟尼佛成佛以來的時間，比這個劫數還要長百千萬億那由他阿僧祇劫。釋迦如來的壽命

■〔盛唐〕《法華經變相之靈鷲會》莫高23窟

是如此之長，可謂大不可思議了！

實則佛是永不涅槃的，佛在這個世間常住不滅，佛只是對鈍根小機的人示現涅槃。茲因佛長久在世，鈍根的人就不會生出稀有難遭之想，就會懈怠、放逸、憍慢，所以佛為這些人示現涅槃。這裏就談信心了，如果對佛的壽命無量、常住不滅能夠生起一念的信心，僅此一念的信心，功德就無有限量。

但對我們而言，「功德無有限量」似乎仍是一個很抽象的概念。佛很慈悲，在《法華經・分別功德品》中作了具體的對比。如果有善男子、善女人為了求阿耨多羅三藐三菩提，在八十萬億那由他劫這麼長的時間裏修行布施、持戒、忍辱、精進、禪定這五種波羅蜜，顯然這個功德一定很大。然而這個功德雖然大，但是與前面所講的「信佛壽命無量」的這一念信心的功德相比，那是「百分、千分、百千萬億分不及其一，乃至算數譬喻所不能知」。這就告訴我們，這一念信心是般若智慧，超勝那麼長劫數修行所積累的福德。

釋尊於一代時教中為甚麼再三強調淨土一法是一切世間極難信之法？因為淨土法門的淨信要有深厚的善根。宋譯《無量壽經》偈云：

若不往昔修福慧，於此正法不能聞；
已曾供養諸如來，是故汝等聞斯義。

如果不是往昔無量劫修過福德智慧，今生是聞不到淨土妙法的。由於無量劫以來曾經供養過諸如來，所以才能感得釋尊在靈鷲山稱性宣說《無量壽經》，與會大眾才得以聞信念佛往生淨土這一法義。可謂百千萬億劫稀有難逢之一時。

三、淨土信義

前面從大乘通途佛法的角度闡述了信心的內涵及其功能作用，具體到淨土法門，信心的法義又有哪些呢？蕅益大師的「六信」、善導大師的「二種深信」，以及其他蓮宗祖師從各個層面所談的信心的含義，都是我等淨業行人所要瞭解並拳拳服膺的。這裏根據當前信眾的情況，主要拈出三條加以詮釋：

（一）自性彌陀之信

念佛法門是靠他力救度、佛力加持，然信佛力的同時，也要注重「信自」，信現前一念的自性。吾人的自性即是豎窮三際之無量壽與橫遍十方之無量光，亦即阿彌陀佛，另有佛性、法界、真如實相等同義異名來詮表。「信自」與「信他」構成一體兩面，不可或缺。唐譯本《無量壽經》談到，如果一去極樂世界就能蓮華化生，那這些往生者都是信自和信他具足的。但是還有一類往生者會生到邊地疑城，這種人希求佛的智慧，但是對自己的善根生不起信心，信自不足就會滯留在疑城華胎中。

慧遠大師是啟建白蓮社，領眾精修念佛三昧，求生極樂世界的。慧遠大師曾經寫過一部《法性論》，可惜這本書已經佚失了，現在只能從《高僧傳》的記載裏看到其中的兩句話。從這兩句話中就能透顯出慧遠大師對法性常住是有信心的，這兩句話就是：「至極以不變為性，得性以體極為宗。」心性中之至極，即是諸法空性，畢竟空，無所有，不生不滅，即為「不變」，不變亦即不動尊、不動智。而要契入此不變之法性，就要去體會、信解這個空空如也的至極，作為修行的宗旨。鳩摩羅什大師非常讚歎慧遠大師，他在看到《法性論》時就很感慨，《涅槃經》還沒有到邊地（即東方震旦國），而慧遠大師就能夠着「法性常住」之論，暗與經合，這非常了不起。當時《華嚴經》也還沒有翻譯出來，慧遠大師就能領眾念佛，導歸西方極樂世界，這也非同凡響。慧遠大師的師父道安大師，他是求生兜率內院的。

慧遠大師作為道安大師的得意弟子，卻在信仰上有這麼一個根本性的改變，若沒有大因緣是不可能的。鳩摩羅什大師曾經看到一部經中提及「末後東方，當有護法菩薩」，謂云末法時期，在東方震旦國當有護法菩薩示現。羅什大師由此印證慧遠大師就是東方護法菩薩。當時西域、天竺的僧眾都說漢地有大乘開士（即大乘菩薩）示現，每天都向廬山稽首頂禮。那個時代並沒有通訊設備，但是，那個時代的修行人很清淨，其中有不少證果的聖人，可能知道菩薩善巧方便示現之本跡情況。

我們之所以回顧這一點，就是要建立對於自性彌陀的信心——信自。蓮池大師作《彌陀疏鈔》，開宗明義就談這個問題：「靈明洞徹，湛寂常恒，非濁非清，無背無向……如是不可思議者，當是何物？惟自性乃爾。」靈明洞徹，就是我們自性的無量光；湛寂常恒，就是我們自性的無量壽。無量光橫遍十方，無量壽豎窮三際，無量光壽就是真如法性，在真如法性當中，沒有清濁向背的種種差別法。在真如法性中，求於善惡、聖凡、有無、生滅，了不可得，不立一法，不染一塵，一般稱作「離念靈知，妙真如性」。這是一切眾生和佛平等不二的。對於這個平等不二的體性，諸佛是隨清淨之緣修證到了，而我等眾生則是隨污染之緣全都迷失了，雖然迷失了自性，流浪六道，但是無量光壽的性德並沒有減少一點。

瞭解了平等的體性之後，在事相上就得要談修行。如何回歸到這個靈明洞徹、湛寂常恆、無量光壽的性體？《佛說阿彌陀經》和《佛說無量壽經》告訴我們的方法，就是信願念佛。「越三祇於一念，齊諸聖於片言」，在能念的一念當中，與阿彌陀佛的願海相接，蒙佛接引，往生淨土，就能橫超通途三大阿僧祇劫的修行；在所念的「南無阿彌陀佛」的片言當中，就能與觀音、勢至、文殊、普賢等諸大菩薩把手同行，功德齊等。所以，我們應體認這個自性寂照不二的阿彌陀佛的性體。這樣我們從事相上談有極樂世界、有阿彌陀佛，阿彌陀佛雖然在過十萬億佛剎之外，但實於我等娑婆世界眾生心中結跏趺坐，儼然不動，阿彌陀佛的無量光也在我們的六根門頭放光動地。但我等眾生迷惑顛倒，本有無量壽的長生之訣，卻冤枉地起惑造業，導致夭亡；本有無量光的杲日之明，

■〔中唐〕《觀音大勢至菩薩》莫高 199 窟

卻因自己的散亂分別變成了愚痴黑暗。

我們首先相信，自性具有無量光壽的性德，這就是內重己靈。當下相信心佛眾生等無差別這一大乘圓教的道理。阿彌陀佛的一切種智，我等眾生也都具足。阿彌陀佛的無量智慧、無量神通、無量願力，由於我們跟彌陀平等同一自體清淨性故，無欠無餘。

相信這些，我們才會相信名號的功德。阿彌陀佛的名號就是無量壽、無量光，是本着吾人本具的無量光壽的性德而建立的。離開眾生一念的無量光壽的性德，無能建立名號；而離卻阿彌陀佛名號的加持和稱念，吾人自性的無量光壽的性德也無從彰顯。所以名號跟吾人的自性形成了同構的、緊密的關聯。由內重己靈，就會外慕諸聖，借托阿彌陀佛已然成就的果地上的功德，把我們本具的功德顯發出來，「托彼名號，顯我自性」。

關於這一點，我們讀《楞嚴經》，《楞嚴經》前面四卷半都是談這個問題，七處徵心、十番顯見，就是要讓一切迷惑顛倒的眾生明白那種常住真心。我們無量劫以來認賊為子，都把攀緣心、妄心作為自己修行的因心，那是煮沙是不能成飯，一定要以不生不滅的因心，才能獲證不生不滅的佛果。首先要把它簡別清楚。《大乘起信論》講一心二門，心真如門就是談這種性體的。但在心生滅門層面，眾生會迷惑。

《楞嚴經》第二卷中，佛告文殊及諸大眾：「十方如來及大菩薩，於其自住三摩地中，見與見緣，并所想相，如虛空華，本無所有。此見及緣，元是菩提妙淨明體」。

這段經文可以說是印心的一個開示。十方如來和大菩薩都契證此妙真如性。他們在自住三摩地（即首楞嚴大定）狀態中，瞭解一切眾生的虛幻之相。眾生都有八識——心王八識。「見與見緣」中的「見」，就是八識能緣的見分，「見緣」就是所緣的相分。八識都有見分和相分。如法相宗所說，這兩者即是依他起性，就好像用麻擰了一根繩。「并所想相」由見分、相分顯現的境界之相，從妄想裏面出來的，就是遍計所執性。把繩看成了蛇，就產生了恐懼。佛告訴我們，無論是見分、相分以及顯現的遍計所執性的相，都是自性本空的，如虛空當中的華。虛空本身是清淨的，是沒有華的，但由於眾生的我執、法執，就捏目成華，眼睛有病，看到虛空當中有華。所以見分、相分以及所想之相，其本元是菩提妙淨明體，它的體性是菩提。以真如不守自性，於自證的分上幻現出了見分和相分，但這個幻現出來的見分、相分全體是自證之體，所謂「不變隨緣，隨緣不變」。不變的真如體性，隨染淨緣顯現境界之相；雖顯現境界之相，但其體性是不變的。比如水有寒氣，變現成一塊冰，但冰的溼性與水性是一樣的。所以，正隨緣時也常不變。

這裏的菩提亦指四智菩提，那就談到轉和依了。轉第八識阿賴耶識為大圓鏡智，轉第七識末那識為平等性智，轉第六識為妙觀察智，轉前五識為成所作智。這些境界之相都是四智菩提的體性。這個體性用「妙淨明」來概述，寂照不二為妙，照而常寂為淨，寂而常照為明。離一切相，即一切法。離一切相是空，即一切法是不空。要體味自性實相空與不空的中道了義。諸多祖師大德對這點都有許多開示。瞭解自性本具無量光壽，我們就能夠內重己靈，尊重這一期難得的生命，以此修證，求得無量光壽性德的最終圓成。

（二）界外淨土——故鄉風月之信

這裏的界外就是指三界以外。淨土特指由阿彌陀佛因地發四十八大願，動經無央數劫積功累德所莊嚴的極樂淨土。這個淨土是在三界之外的。天親菩薩在《往生論》裏談到極樂世界三類二十九種莊嚴，第一個偈子就是表達極樂世界的清淨功德為極樂世界的總相：「觀彼世界相，勝過三界道。」觀察西方極樂世界的依正莊嚴之相，它是超勝於三界的情景。

三界裏有欲界、色界、無色界，但都是生滅之相、輪轉之相、污穢之相、痛苦之相。阿彌陀佛因地作法藏菩薩的時候，見到三界這種無休止的痛苦，所以他發願肇立最勝第一的淨土來接引九法界眾生，讓他們到至極莊嚴的淨土去修行、去成佛。因此，極樂淨土不具有三界的特點。那裏沒有飲食男女的欲望，所以不是欲界；有地居，所以不是色界；有形色，所以不是無色界。

界外淨土對於我們地球眾生來說，是極為超越的。與之相近的一個概念，叫地外文明。地球外是否有其他的文明，是否存在有生命的星球？近幾十年來，世界各國的科學家、哲學家，包括大眾層面，都很希望瞭解地球之外有沒有生命。在佛教徒看來，這是不會有問題的。不少經典當中都談到三界二十八重天，《華嚴經》也談到華藏世界無量的香水海、無量的世界種、無量的剎土，而且具體介紹種種剎土依何所住，以及種種劫名、種種國號、種種眾生、種種形貌、種種好樂、種種教法、種種壽命等等。對此，我們熏習了很長時間，

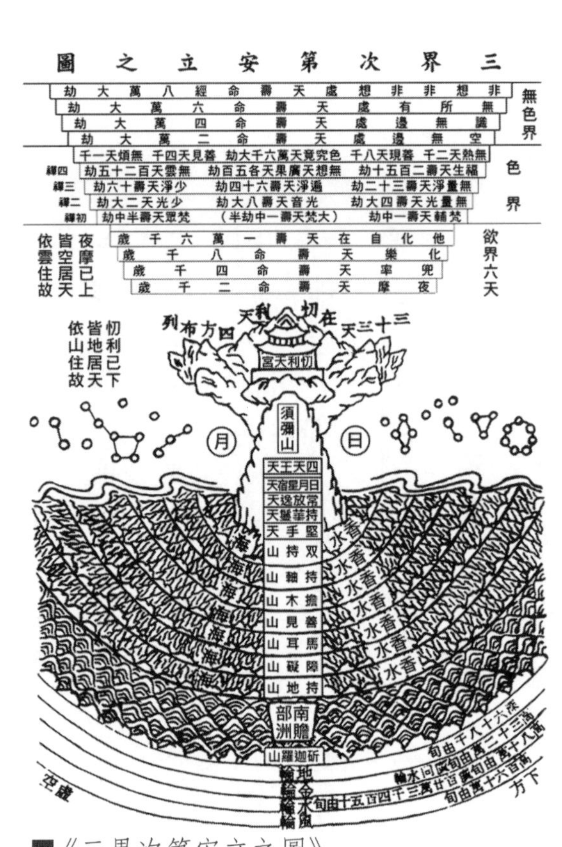

■《三界次第安立之圖》

所以對地球之外存在着生命、存在着文明形態，是不會有懷疑的。這些年來，本人到境外去講課，有機會接觸了一些國外研究地外文明的學者和科學家。有一位專門研究地外文明的權威學者跟我說，地外文明現在已經不是有沒有的問題，而是地球外的生命如何干預、影響地球文明的問題。他有不少資料來證明地外生命的存在。

美國柏克萊大學專門有一個機構研究地外文明。這個機構的一位負責人，他

比較注重科學實證的研究，用儀器專門去探測外太空星球的訊息和電波，然後再進行分析。不過，用這種量化分析的方法，就不知要到何時才能作出結論了。他認為地外生命有可能存在，但需要尋找更充分的證據。

如果一個人連地外文明都不能相信，那對界外文明（三界外的文明）就更免談了。所以，很有必要對地外文明的情形多加以瞭解。在科技文明還沒有產生的西元前五百年，釋迦牟尼佛就通過淨土經典向地球人類傳達了這樣的訊息：不是在地球之外，乃是在娑婆世界（娑婆世界指一個三千大千世界，是一佛所領的一個剎土）的西邊，距離十萬億三千大千世界的地方，有一個世界，叫極樂世界；有一尊佛，號阿彌陀。這是很驚心動魄的。

隨着現代科技對外太空的各種觀察儀器的進步，人們從射電望遠鏡、哈勃望遠鏡裏看到了無量的星球。一百億光年的這種宇宙深處，可能有某個星球毀滅，又有某個星球誕生。現在科學家們依據旁證，認識到有暗物質的存在，基本達成共識：使用現代人類的科學儀器，所能觀察到的物質只是很小的一部分，大約只佔百分之四左右，大部分物質是我們觀察不到的，但它確實是存在的。這些百分之九十六左右觀察不到的暗物質或有可能構成了一些暗的宇宙、虛世界等，但地球人囿於認識水平，對它們卻是一無所知。

佛是五眼圓明的大聖人，佛經告訴我們，在當下就有無量重的刹土存在。地球人只能夠感受到與自己業力相應的時空、物質，對超越自己業力的或跟自己業力不相應的，是感知不到的。（從這個意義上說，貝克萊的「存在就是被感知」的命題，倒是耐人尋味）。但佛的光明加持能夠打開空間業力的隔礙，令十法界圓融一體地呈現。這在《無量壽經》後半部就有所體現。

釋迦牟尼佛很慈悲，雖然在《無量壽經》上卷對極樂世界的種種莊嚴作了詳細的介紹，但是與會大眾的內心還是有懷疑的：「我沒有見到，怎麼能相信有這個淨土的存在呢？」

釋尊知道與會大眾有這個疑惑，就要解決這個疑點，主動問阿難：「你想不想見極樂世界阿彌陀佛？」

阿難求之不得：「當然想見了！」世尊就令他向西合掌，頂禮阿彌陀佛。阿難尊者聽從佛語，至誠頂禮，稱念南無阿彌陀佛名號，就在頭抬起的瞬間，阿彌陀佛現前，如須彌山王，威德巍巍。阿彌陀佛放出熾盛的光明，所有菩薩的光明、聲聞的光明、天上宮殿的光明全都不顯現，如同浩渺的海水，看過去就是海天一色。在佛光當中，十法界全都打開，能顯現天道、修羅道和人道的宮殿，能顯現三惡道，同時也顯現極樂世界的莊嚴。而且這時候，與會的地球人類所看到的極樂世界的情形非常近，就好像拿一面鏡子看自己的面相一樣的明晰。這就告訴我們，十法界無量世界就在當處，重重無盡。但是，眾生只能感知與各自業力相應的時空態。

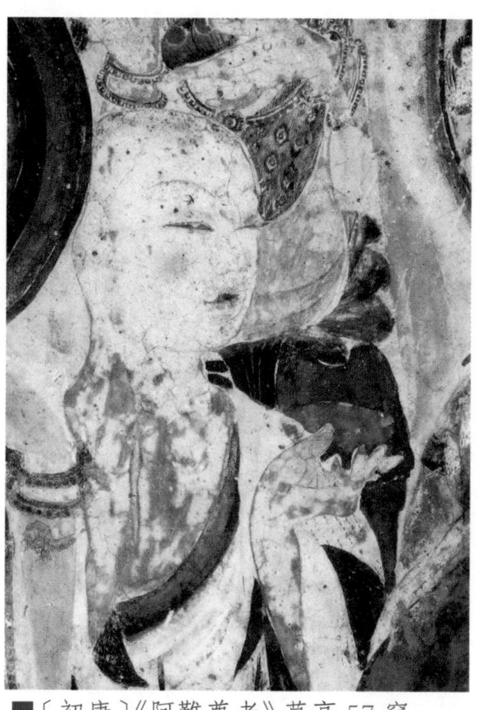
■〔初唐〕《阿難尊者》莫高 57 窟

現在西方的超弦理論也在探討多維世界問題，很有創意。上世紀二十年代，德國科學家卡魯扎首先提出了四維空間的概念，並曾就此問題與愛因斯坦進行過通信交流。我們所能感知的是長、寬、高三維空間，再加上一維時間，一般稱為「四維時空連續區」，如果涉及四維、五維甚至更高維的空間，那是需要高度想像力的。

後來逐步地研究，超弦理論就是超對稱性，「弦」是一種比喻，整個宇宙星球就好像弦所彈出的音符，超弦理論認為有十維（有時也表述為十一維）時空。如果是這樣的話，我們不禁要問：除去我們可感知的四維時空，那其他的六維空間到哪裏去了？對此，超弦理論有一個緊緻化的概念，認為其他六維非常密集地蜷縮在一個點上，這種點實際上在我們的三維空間當中隨處都有。這意味着那六維空間也就在當處，只是我們感知不到而已。超弦理論是用純數學方法來論證的，顯然已經遠遠地超出了經驗常識的範疇。

《華嚴經》中常常提到，在一微塵當中有不可說不可說的刹土，一一刹土有不可說不可說的諸佛，一一諸佛有不可說不可說的菩薩眾會。如此廣大的境界是在一微塵裏，或者在普賢菩薩的一個毛孔裏展開。這樣看來，超弦理論能提出其他多維空間蜷縮在一個緊緻點上的觀點，還真的有向佛經義理境界靠近的趨勢。

極樂世界這個三界外的淨土是阿彌陀佛願力所成就莊嚴的，而眾苦充滿的三界是我們眾生業力所感召的。那麼，阿彌陀佛以大悲願力莊嚴極樂淨土的目的是甚麼呢？為的是平等救度九法界眾生，令其度脫二種生死苦海，在極樂世界安享大乘涅槃常樂我淨的境界。極樂世界所有的莊嚴就是大涅槃的彰顯，而大涅槃是阿彌陀佛已經證得的境界，同時也是一切眾生本具的性德。於是，極樂世界的莊嚴就是九法界眾生的故鄉，故鄉風月，亦是吾人的本地風光，即是宗門下講的父母未生前的本來面目，也就是一切眾生安心立命之所。在那裏，我們才能找到生命的本元，生命才能得到真實的安頓。對此，我們要有堅定的信心。

以極樂世界的故鄉風月來返照：在長劫輪迴當中，這個地球從來都不是我們的故鄉，我們只是匆匆過客，衣衫襤褸，苦不堪言。要深信阿彌陀佛的極樂淨土是一切眾生要回歸的故園。我們這些流浪的窮子在身心憔悴的當下，接到故鄉慈父召喚的家書，就應該撩衣便行，回家去！但我們往往容易遺忘曾經受過的輪迴劇苦。而且由於在三界停留得太久，我們還會把流浪的地方當成家，這一世執着辛苦賺錢買來的房子就是我的家，而徹底忘了真正的故園在哪裏。這就是深度的迷惑顛倒啊！真可謂可憐愍者也。

我們這些漂泊三界的浪子，一定要牢固樹立極樂世界才是自己真正故鄉的觀

■ 廬山東林寺德亮法師《水火二河白道喻》

念，這個世間的一切，都不值得留戀和執着，此一世界多是由我們惡業所感的憂悲和苦惱，毫無安樂可言，也無法在此地建構淨土。所以，佛在大乘經典當中苦口婆心地勸導，一而再、再而三、三而四地敦促我們這些浪子趕緊離開三界火宅，不容片刻停留。這個「宅子」已經腐朽了，而且燃起了大火，裏面又有各種毒蟲、惡獸在爭相殘害我們，時刻充滿着危險。在生死曠野當中，從三面包抄而來的都是要傷害我們的冤親債主，只有一條「白道」可以讓我們從痛苦的深淵走向解脫的彼岸。這就是釋迦牟尼佛示現在娑婆世界，以苦難折伏眾生，發遣吾人前往極樂世界的悲聲；這就是極樂世界阿彌陀佛，以他慈悲的音聲攝受我等眾生回歸故鄉的呼喚。

我等眾生迷惑顛倒，阿彌陀佛十劫以來都在極樂故鄉呼喚我們回家，十劫以來伸出金色的手臂頭頭救拔我等眾生出離生死苦海。但我們業障深重，聽不到這種慈悲的聲音，看不見這種頭頭的救拔，或者偶爾聽到了也不經心，只當耳邊風。佛的手臂已經伸了十劫之久，我們的手就伸不出去呀！所以今生就要實踐就路還家，決定回歸，安享故鄉的風月。於此用古德的一個偈子來共勉：

應當發願願往生，客路溪山任彼戀。
自是不歸歸便得，故鄉風月有誰爭。

對故鄉風月之信，我們一定要刻骨銘髓，矢志毋忘。

（三）阿彌陀佛如母憶子之信

我們念佛時，常常不期然地會浮現一些懷疑：阿彌陀佛跟我有甚麼關係？我為甚麼要念阿彌陀佛？阿彌陀佛會關心我嗎？阿彌陀佛認識我嗎？甚至對於阿彌陀佛是不是真實存在，潛意識中都有疑問。有個居士參加十日閉關念佛，在出關的分享會上發言，他說自己開始念的還都是「南無阿彌陀佛、南無阿彌陀佛」，念了一天之後，卻變成了「哪有阿彌陀佛、哪有阿彌陀佛」。這其實是他內心的懷疑在音聲上的一種表達。確實，我們有時候念着佛，在內心深處會生起疑問：真的有阿彌陀佛嗎？哪裏有阿彌陀佛啊？好像我們撥電話給他，似乎也聽不到有回音。有些基督教的信眾有時候也會談到，我天天禱告上帝，好像上帝都在沉默，我很沮喪。如果老是沉默，這個信心就更打折扣了，疑雲便浮出來了。

世間很多人看到淨業行人念阿彌陀佛，也會覺得很可笑，覺得是迷信。有這樣一個笑話：有個兒子很討厭他媽媽念阿彌陀佛，有一天就惡作劇，他媽媽正在念阿彌陀佛，他每隔幾分鐘就叫一聲：「媽！」兒子老是這樣叫，媽媽雖然是念佛人，畢竟還是有脾氣的，叫了三四遍，卻又沒甚麼事。免不了就發脾氣了：「你怎麼搞的！老是叫我幹甚麼？」這個兒子就抓住這句話：「你看我才叫你三四句媽，你就跟我發脾氣，妳一天到晚念幾千聲、幾萬聲阿彌陀佛，那阿彌陀佛不是氣壞了嗎？」沒辦法，這就是以凡夫的知見去測度如來的境界。眾生之所以會這麼想，是因為在凡夫生滅心、情執心中，他不瞭解佛是無心的，佛根本就沒有情執，而是無緣大慈，同體大悲的。佛要是還會發脾氣，哪能成佛呢？

笑話歸笑話，這個問題還必須要解決。阿彌陀佛到底跟我們是甚麼關係？

《楞嚴經・大勢至菩薩念佛圓通章》給我們透顯了消息，這是由大勢至菩薩來轉述的。在無量劫以前，大勢至菩薩曾經遇到十二光如來次第示現，他就在最後一尊佛——超日月光佛座下請法。超日月光佛向他傳授念佛三昧，其中有兩個比喻：親友喻和母子喻。當下能念的心跟所念的佛會產生怎樣的關聯？超日月光佛開示：「十方如來，憐念眾生，如母憶子。」我們不要站在自己的角度，認為「我在念佛」。實際上，在「我在念佛」的當下，佛在念我。我不念佛時，佛仍然在念我。阿彌陀佛永劫以來都在哀憐、繫念我等眾生！這種憐念就像慈母憶念她的兒子一樣。從世間法來看，是兒子念母親的心念強，還是母親念兒子的心念強呢？那肯定是母親念子啊！慈母憶子的心，真的是比天高，比海深。「慈母手中線，遊子身上衣，臨行密密縫，意恐遲遲歸，誰言寸草心，報得三春暉。」從這慈母縫衣的普通場景中，都能體會到母親對兒子的那種深深憶念和關愛。而我等浪子，甚至可以說是逆子，非但不憶念母親，而且還要捨離自己的母親，逃逸到外鄉去。但即便是這樣，阿彌陀佛這位慈愛的母親卻永劫以來一直都在憶念着我們，對我們不離不棄。我們一定要瞭解這個真相。

《無量壽經》談到，阿彌陀佛在因地作大國王的時候，在世自在王佛座下聞法，心開意解，大徹大悟，於是他「棄國捐王，行作沙門，號曰法藏」。他為甚麼要捨棄金輪王位出家？就是為了救度苦難的眾生。所以，法藏菩薩五大劫的思惟發願不是為自己，而是為所有苦難眾生來發願的；無量劫的六度萬行，積功累德，也是為我等眾生來修行的。他難捨能捨，無量生中捨國王位，無量生中捨自己的眼目腦髓。就如同《法華經》所說，整個三千大千世界沒有一寸土地不是釋迦牟尼佛為度眾生而流血的地方。我們知道佛對我們有這麼大的恩德嗎？

所以，我們要深知阿彌陀佛是為我來發願的，為我來修苦行的，極樂世界是為我來清淨莊嚴的，名號是為了救度我們所施設的最簡易的方法。阿彌陀佛無量劫以來跟我們隨形六道，廣結法緣；積功累德，圓成大願，自致成佛。十劫以來，頭頭救拔接引，處處顯示瑞相。有的信眾說，信佛不久，還有懷疑的時候，常常夢見阿彌陀佛；或者拜佛時，佛就從佛龕上下來，立在身旁。這些都是為了讓我們產生信心，讓我們知道阿彌陀佛的真實存在性。

劉遺民居士曾在定中見佛，當時他都要求證一下，以確認所看到的佛是真實的，還是幻覺。當劉遺民居士動了念頭：如果你真的是阿彌陀佛，能不能用手來摩我的頭頂？阿彌陀佛是可以感應的，馬上就伸出金色的手臂摩劉遺民居士的頭頂。劉遺民居士覺得：這有點真實，我動個念頭，佛馬上就知道，而且還滿我的願。但是眾生的懷疑心都很強，他還要再進一步驗證一下：如果你真的是阿彌陀佛，能不能用袈裟覆蓋我的身體？這個要求是有點過分了，阿彌陀佛的袈裟是何等尊貴呀！但阿彌陀佛平等慈悲一切眾生，竟然真的用袈裟覆蓋他的身體。此時，劉遺民居士徹底相信了，他再也不敢去求證了，確信了阿彌陀佛的真實存在。

這種真實存在性與我們密切相關，因為阿彌陀佛的法身遍入一切眾生心想中，而阿彌陀佛的所證就是一切眾生當下的性體。所以在我們日常生活、修行中，當我們煩惱重造業的時候，阿彌陀佛會讓我們中止作惡的行為；當我們有一念善心想行善的時候，阿彌陀佛會暗中加持，幫助我們去付諸實施；當我們在這個世

■〔盛唐〕《法華經化城喻品》莫高 217 窟

間法撞得頭破血流，找不到人生出路的時候，阿彌陀佛會加持我們，到寺院皈依三寶；當我們發起信願要念佛的時候，阿彌陀佛更是歡喜，十二光如來馬上全面加持我們。阿彌陀佛長劫以來對我們如此地憶念、加被，無非就是為了讓我們離開三界輪迴之苦，得到大乘涅槃之常樂我淨。這就是惠以眾生真實之利，不是讓我們只得點人天福報，也不是讓我們中止聲聞緣覺的化城，而是令我們直趣大乘涅槃，以如來滅度而滅度之，將最上乘的大白牛車無條件地賜給所有眾生。

當我們知道阿彌陀佛在法界中，他以無盡的慈悲在憶念着我們這些業障深重的浪子時，內心立刻充滿了溫暖，就有了依靠，不再感覺孤單。在我執身見分別心很強的煩惱裏，其實每個眾生都很孤獨，因為沒有同體的感覺。由於習慣了漠視別人的痛苦和困難，所以當自己有了同樣的苦境，也就推己及人地認為不會有人在意自己，更不會有人伸出援手。這實在是沒有瞭解到阿彌陀佛在諸法空性中所證得的無緣大慈、同體大悲之境界，阿彌陀佛將一切眾生都視作自己的獨子，時刻都在憶念、關照。而且，佛跟眾生之間的關係是密切相關的。法藏菩薩作大國王時捨王位出家，是為眾生發願，是為眾生修行，也是在這過程中成就了阿彌陀佛的佛果。所以，菩薩是不能離開眾生的。正因為有苦難的眾生，他才生起了慈悲心；有慈悲心，才會有菩提心；有菩提心，才會引導菩薩的六度萬行；有菩薩的六度萬行，才能圓成一切種智的佛果。所以菩薩成佛的必要前提就是有眾生。沒有眾生，就沒有菩薩，就沒有佛果。因此菩薩成佛之後，要報眾生的恩，一定會以同體大慈悲心來救度眾生，絕不會在常寂光的淨土獨享安樂，他一定會隨形九法界。我們這些還在三界裏面伶俜孤獨的眾生，如果能信解這一點，就不會感到孤獨，阿彌陀佛每天與我同在，夜夜伴佛眠，朝朝共佛起，阿彌陀佛與我們是不隔的。雖然佛看我們是不隔，但由於我們的業障重，少信多疑，便與佛隔開了，這叫若見非見，若逢非逢。佛天天看到我們，而我們卻看不到佛。

深知阿彌陀佛如慈母般地在憶念我們，我們這時候念佛就是如子憶母了。母子之間有着天然的血緣關係，很容易感通，但這種感通一定是慈母和孝子之間的。《二十四孝》中有丁蘭刻木事親的故事。丁蘭是漢朝的孝子，父母二親終歿，乃以木雕刻父母形像，如生前一樣侍奉。每日向父母雕像跪拜問安，鄰居借物，丁蘭亦向雕像稟報。觀察木母顏色和藹則借之，表情不高興則不借。丁蘭的妻子對雕像不甚恭敬，有一天，趁丁蘭不在家，她試着用針去刺木母的手指，竟然出血了。丁蘭見了木母流淚，丁蘭查明真相後，將妻子休了。這則丁蘭刻木事親的感應，較之於曾母與曾子的「齧指痛心」的故事，更顯奇特。然同樣說明母子天倫相關，感通奇妙的道理。

是故吾人當做孝子。如果還是叛逆，還是懷疑重重，還是繼續造惡業，那心性和行為就跟母親相悖了。但從母親這一邊來說，雖然逆悖，母親還是會憶念這個逆子。佛的慈悲更超勝父母的愛。世間父母有時可能因為子女太叛逆、太不聽話而失去耐心，產生煩惱，甚至後悔生了這麼個孩子。進一步，如果子女因為殺盜淫妄酒而鋃鐺入獄，可能父母就會對他徹底失望，甚至不願再相認了。但是，佛的大愛超越了父母的愛，非但不會嫌棄這個逆子，反而會更加憐愍他。如果眾生因造惡墮入地獄，佛如箭入心，立刻要到地獄裏面去拯救他，無量劫以來，為救一個眾生，不疲不厭，是這樣的一種無緣大慈，同體大悲！

阿彌陀佛是這樣如母憶子地憶念我們，我等眾生能如子憶母地去念阿彌陀佛，就一定能夠感應道交，阿彌陀佛第十九願「臨終接引願」就一定能兑現。所以，要相信阿彌陀佛真實存在，跟我等眾生有密切的關係。阿彌陀佛是我們大慈悲的母親，他有大慈悲，一定會不疲厭地救我；他有大威德、大智慧，有種種善巧方便，一定能成功地救我。那我們就應該放下小我，放下我執，一心歸命，就是無條件地相信阿彌陀佛，把自己的生命交托給阿彌陀佛。這就是「南無」的本質含義——歸命，這是信仰上極大的飛躍。唯有深刻認知阿彌陀佛是大慈悲母，才會放心地把自己交托出去，因為母親是不會傷害孩子的。假如沒有這種母子慈悲的關聯，我們要做到真正的交托，那就很難了。比如生病了需要做手術，手術前，病人會對醫生的醫術反復掂量，因為手術台上的幾個小時就是把自己的生命交托給醫生了。如果這個醫生沒有慈悲心，正好是自己的冤家對頭，那好，正好是一個機會了，不肯盡力。或者沒有智慧，醫術不精，甚至粗心大意，把手術器械留在病人體內，那可不就麻煩了嗎？所以，即使是幾個小時的生命交托，都不能馬虎。為甚麼病人會送紅包啊？哎呀，送紅包，他就安心一點，認為醫生接了紅包對他會多關照一點。

現在我們要將這一期的整個生命交托給阿彌陀佛，那得需要何等程度的信心、智慧、抉擇和信解才能做到，才能把世間很多不需要的五欲六塵、所謂的事業逐步地放下？因此要深切地體認：我交給阿彌陀佛，這一期的生命就能得到最大的利益，就能解決無量劫以來解決不了的輪迴問題，這是靠自己、靠其他力量都無法解決的，唯有阿彌陀佛才能解決。我們必須要把自己的生命交給阿彌陀佛，一心歸命——南無！有了這樣的信解，才能讓我們實現真正的「南無」。南無，就是從對自力的絕望跳躍到對阿彌陀佛四十八大願的決定信心上，沒有懷疑，沒有憂慮，全身心靠倒，就成功了。否則，帶着懷疑和猶豫，就會產生吃虧感。很多信眾都有這種情況，一般我們要讓他念幾萬聲佛號，他下班之後在那裏念，要完成，念的時候常常會冒出個念頭：如果阿彌陀佛真的存在，能夠讓我到極樂世界，那我每日念幾個小時也值；但如果沒有阿彌陀佛，沒有極樂世界，那我這樣念佛可不就吃虧了嗎？又沒有極樂世界可往生，五欲六塵又沒有享受到，那我不是兩頭落空，白過了嗎？

這就關係到信心問題：阿彌陀佛的絕對存在性，極樂世界的絕對存在性，極樂世界絕對是我們的故鄉風月。這個世間苦不堪言。我們別說一天念幾個小時，哪怕就是用我們盡形壽的時間，全生命地交托，去專辦這件大事，也完全不吃虧，也絕對值得！如果有這樣的認知，才能說我們有點信心之相，具足信心，才能稱為人中分陀利華！信心的涓涓細流便匯成了浩蕩的安樂之海。念佛一法素稱安樂法門，真實不虛。

■〔晚唐〕《持蓮花菩薩》莫高窟 14 窟

第二講

於難信法生決定信

淨土法門素稱為難信之法，究竟難信到甚麼程度呢？《佛說阿彌陀經》以及《佛說無量壽經》都分別談到這個問題。而在《佛說阿彌陀經》的另一個譯本《稱讚淨土佛攝受經》，玄奘大師更是直接翻譯為極難信法，加了個「極」字。《佛說無量壽經》最後也談到，如果有善男子善女人聞到這部經，能夠信樂受持，那是「難中之難，無過此難」，是世間一切難事中最難的，沒有比這更難的事了。

佛在宣說大乘經典時，常常會講大乘的法義難說、難信、難解。《法華經》中也讚歎，釋迦牟尼佛來到這個世間，一代時教宣說種種經典，說其他大乘經典，都未足為難。而宣說《法華經》，為最難。這是因為其他大乘經典還能夠應眾生的根機而說，而《法華經》開權顯實，會三歸一，和盤托出，眾生很難相信。相比之下，把須彌山舉起並擲到他方世界去，或者用足指移動三千大千世界，拋到他方國土去，都不算難。但在佛滅度之後，能在五濁惡世說《法華經》，是則為難。因為將須彌山或大千世界擲往他方世界，有神通道力的聖人也能做得到。但是宣說《法華經》，眾生不相信，而且憍慢、怨恨，甚至誹謗，所以就很難。

宣說《法華經》是這麼難，宣說淨土經典，亦復如是。

《阿彌陀經》講，十方諸佛出廣長舌相，先是稱揚讚歎阿彌陀佛不可思議的功德，隨後又轉而稱揚讚歎釋迦牟尼佛的功德。釋迦牟尼佛有「兩難」：首先，在五濁惡世成佛難；繼而，在五濁惡世為諸眾生說一切世間極難信之法，「是為甚難」。五濁惡世就是指我們現在所處的這個世間，劫濁、見濁、煩惱濁、眾生濁、命濁，在這樣的五濁惡世，想保持人身都很困難，想得天福更須努力去修。佛經講，在五濁惡世，失人身者，如大地土；得人身者，如爪上土。在這個得人身都很難的五濁惡世，釋尊竟然不僅保持人身，得人天福，進而超越二乘、權教菩薩，直接證到阿耨多羅三藐三菩提，這個自證的功德不可思議，非常之難。在證到無上正等正覺後，釋尊又以大悲心，通過講經說法來利益、安樂一切眾生。如果是為淨土那些福德、善根深厚的眾生講法，甚為容易；但要為濁世的眾生講經說法，就很難了。進而，跟濁世的眾生講漸教，雖然

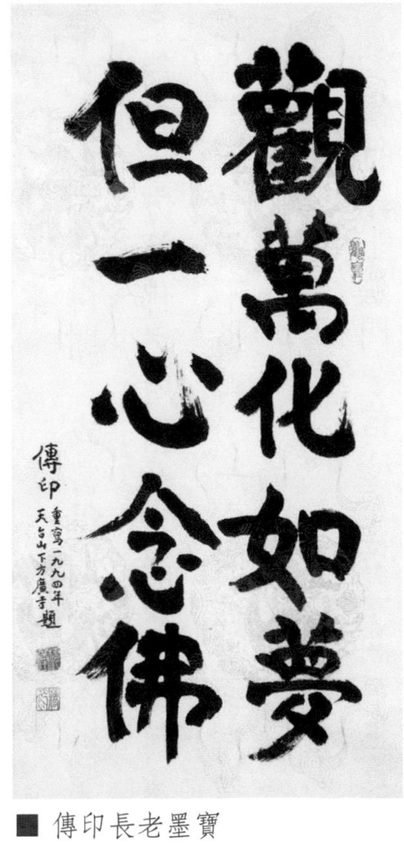

■ 傳印長老墨寶

不容易，眾生還能接受。可是要說頓教，那就不容易了。尤其是說圓頓教中「信願稱名，帶業橫超」「一往生淨土就得阿鞞跋致，快速成佛」等等這些淨土法門的超越理念，那是更難，眾生很難相信。正因為如此，十方諸佛才讚歎釋迦牟尼佛竟然在這個世間能夠成佛，竟然在這個世間還能宣說淨土往生一法，難中之難，是為甚難，太不可思議了！於是法爾自然地出廣長舌來稱讚、證信，若有善男子、善女人，或已得聞，或當得聞，或今得聞這部經，能深生信解，生信解已，就必定能為十方諸佛之所攝受；能夠依《阿彌陀經》《無量壽經》修行的人，一定於無上正等正覺得不退轉，一定能往生到阿彌陀佛的極樂世界。這是十方諸佛親自現前證明的事情。

修行淨土法門，信心是第一關，也是最難透過的一關。信心的功德很大，《阿彌陀經》講，只要深生信願，就能往生。《無量壽經》也說，聞到阿彌陀佛名號，信心歡喜，乃至一念，至心迴向，願生彼國，即得往生，住不退轉。就這麼圓頓直捷！淨土法門之所以難信，就在於它的本質特點，全體建立在佛的果德、果覺的層面。正如《無量壽經》所談到的：「如來智慧海，深廣無涯底，二乘非所測，唯佛獨明了。」淨土法門全體都是阿彌陀佛深廣智慧海的結晶。這個智慧海深不見底、廣無邊際。佛的智慧是聲聞緣覺所不能測量的，菩薩的智慧略知少分，唯佛與佛方能究盡。處在人法界的我等眾生，對於十法界最高點的佛法界的情況信不及、有懷疑，這是正常的，也是必然的。就像螻蟻不能信解有人法界存在一樣。對此講所涉及的課題，可分三個層次展開討論：一、起信之障；二、起信之路；三、二信之後，更不再疑。茲分述如下：

一、起信之障

佛在很多經典中說，淨土法門是極難信之法。雖然是極難信之法，但佛還要不斷地宣說，這說明還是有生起信心的可能性。如果佛見證到宣說這個法門，沒有一個眾生能夠相信，也就不會去說了。這也就意味着，肯定還有部分有般若善根、有淨土緣分的眾生能夠相信這一法，所以佛才會宣說。而且，哪怕只有一個眾生相信這個法門，佛都會宣說。由此我們要對淨土法門生起決定的信心。

淨土法門全體建立在佛的果覺層面上，是故淨土法門的信心具有着全攝果佛作為自信心的本質特點。因此，起信的障礙就在於我們對佛的果地功德缺乏信解，還是停留在業力凡夫的煩惱、經驗常識以及邏輯思維的範圍之內，這就構成了起信的障礙。茲從三方面加以詮釋：（一）生滅心的陷阱；（二）認知的狹劣；（三）本能的懷疑。

（一）生滅心的陷阱

淨土法門乃是諸佛果覺層面的施設，唯佛與佛乃能究盡諸法實相，所謂（淨土）諸法，如是相（極樂淨土依正莊嚴），如是性（正道大慈悲），如是體（光壽不二），如是力（威神願力），如是作（法藏五劫發願思惟），如是因（無央數劫備修六度萬行），如是緣（隨形九法界廣結眾緣），如是果（大願圓滿自致作佛），如是報（國如泥洹最勝第一），如是本末究竟（酬答本願廣度眾生）等。此乃諸佛境界，九法界眾生靠自力難以信解。

《圓覺經》曾經討論過這個問題，一切處於生滅法，沒有出輪迴的眾生，想要瞭解佛的圓覺境界是不可得的。以生滅心辨識圓覺，佛的圓覺性也就隨之成了生滅法。這就比如「動目能搖湛水，又如定眼猶迴轉火，雲駛月運，舟行岸移，亦復如是」。這段經文運用常識來比喻，非常貼切。比如觀察一潭清淨的止水，我們的眼睛如果動轉暈眩，再看止水，就會覺得水有漣漪，也在搖動。又如，本來只有眾多火點，如果眼睛一直緊盯着，久盯之後眼睛就會疲勞、會旋轉，似乎看到那些火點也在旋轉，於是認為它是火環，而實際上不過只是一個個火點。再比如，月亮其實沒動，只是雲在動，但當雲動的時候，我們就會覺得是月亮在動；坐船時，實則船在運行，而船上的人卻會覺得是河岸在移動；火車行進時，會覺得樹木在往後退移。這些都是由眼睛的錯幻導致的，因此便見不到事情的真相。這些比喻說明，我們未出輪迴的眾生以生滅的妄心來辨識如來圓覺之性，所辨識的那個圓覺就會成為流轉之相，而不是本有的如如不動的真如覺性。這就好像眼睛看到水在搖動，火點旋轉成火圈，月亮在運動，河岸在移動一樣，呈現出流轉之相。吾人以生滅心觀照淨土莊嚴與簡易而究竟的念佛方法，難以如實觀察信解，亦復如是。

（二）認知的狹劣

眾生的認知水平往往受到自己的經驗常識以及世間知識學問體系的制約。當他突然聽聞到極為超越的西方淨土的景象，馬上就會用自己先入為主的那套認知體系加以評判，繼而生起懷疑拒絕的心態。這就是《莊子》講的「拘虛之見」。如果告訴井底之蛙，大海如何浩渺，牠是不會相信的。因為牠已經習慣了井底那一窪小水，少許土塊的生活環境。牠認為這個環境是唯一的，而且是最好的，不相信還有比這井底更大的地方。所以，「井蛙不可語於海者，拘於虛也」。虛，就是井蛙所住的地方。你再跟牠講天空的遼闊，牠也不相信，抬眼一看，就不是三尺見方嘛，還有多遼闊呢？其實，人也一樣，我們眾生就被目前的知識、常識、經驗所籠罩，而對於超出自己常識、經驗範圍的，看不見摸不着的，就不認可，不相信。別說是界外淨土難信，即使是跟一個窮人講貴族住的房子富麗輝煌，飲食幾十道菜、上百道菜，服裝是甚麼材質的，首飾是甚麼材質的，他可能都不會

■〔盛唐〕《淨土樓閣》莫高 217 窟

相信。

由於狹劣的經驗常識作主宰，我們眾生對極樂世界的存在，本能地不相信。一聽說極樂世界，就想：有極樂世界嗎？還在三界外？三界內我都不大相信，三界外更談不上。當聽說極樂世界的往生者是從蓮華化生的，不是胎生，他便認為荒誕不經，人都是十月懷胎誕生的呀！哪有蓮華化生？

在這個世間，七八十歲已經是高壽，最多也就一百多歲，當聽說極樂世界眾生的壽命無量無邊阿僧祇劫時，就會認為是說神話。我們這個世間壽命最高的彭祖也就是八百歲，哪有恆河沙又恆河沙數的劫數的壽命呢？如果聽聞在極樂世界衣服、飲食、宮殿隨着念頭一動就能現前，就更是哈哈大笑了：哪有這回事？這個世間要獲得資生用具那麼艱難，不去耕種，怎麼會有糧食？沒有紡織，怎麼會有衣服？你不賺錢，哪能買得到房子啊？現在房子這麼貴，賺一輩子錢還買不到，哪有七寶宮殿？哪有這回事？眾生在這個世間很辛苦、很苦惱，偶爾有點快樂也都夾雜着憂愁煩惱，要是告訴他，極樂世界無有眾苦，但受諸樂，有純一的快樂，他是不相信的。這些懷疑、不相信都是來自認知的狹劣。

認知狹劣的人一般還比較自負，尤其是有些學者，不僅自己不相信淨土法門，而且還會批判，認為這是宗教家試圖挽救其衰落的命運，以所謂的極樂世界的廉價門票以誘引愚人信教。他們以為這些完全是迷信，是虛無縹緲，是麻痺人的鬥爭意志的工具等等。

再看教內人士，即使是已經信佛並修行的人，由於所修的法門是通途教法，當他乍聽淨土法門時，也信不及，並且會生起輕視淨土法門的態度，認為這是愚夫愚婦所行之道。古往今來，這類眼空四海的行者，大有人在。往往自以為根機很高，不屑於修淨土法門，覺得這個法門太低了。

明朝末年，蓮池大師在作《彌陀疏鈔》時，對於當時教內的一些觀點非常感慨：佛說淨土為難信之法，確實是這樣的。蓮池大師將《阿彌陀經》判為圓教，視為與《華嚴經》屬於同類的大乘經典。這樣一來，教內就出現很多反對的聲音，認為《阿彌陀經》所宣說的淨土法門只不過是為愚夫愚婦而施設的，充其量只是方等時教，怎麼能與《華嚴經》相提並論呢？當時有一位學者叫曹魯川，他研究《華嚴經》三十多年，對淨土法門很不屑，因此對蓮池大師的判攝非常不滿。就直接寫信給蓮池大師，希望蓮池大師今後為大眾開示佛法時，遇到上根利智的人，就直指上乘佛法，不要動輒介紹愚夫愚婦所修的念佛法門，這樣可以使大鵬與小鳥都各適其機，才能盡善盡美。他還認為，《華嚴經》乃是無上一乘的圓教，《法華經》與之相比都略遜一籌，至於其他經典，都難以與《華嚴經》相提並論。而蓮池大師卻將《阿彌陀經》與《華嚴經》並稱，這已很不妥當，甚至還著論高抬淨土法門，這是將朱紫混淆。蓮池大師的回信很謙虛，但對他的錯誤觀點進行了駁斥，最後有一個希望：「不肖與居士，同為華藏莫逆良友，而居士不察區區之心，復

■〔中唐〕《觀音經變》莫高 112 窟

欲拉居士為蓮胎骨肉弟兄，而望居士之不我外也。」從中我們可以看到蓮池大師的悲心，希望曹魯川在研究《華嚴經》的同時，更能瞭解淨土法門的殊勝，並希望他也跟自己一樣往生西方極樂世界。

曹魯川居士接到蓮祖的回函，又寫了一封回信，口氣甚為傲慢，完全是張揚禪宗、貶低淨土的態度。他說：《楞嚴經》中，觀世音菩薩的耳根圓通被選上，而大勢至菩薩的念佛圓通落第；志公禪師說「智者知心是佛，愚人樂往西方」，說明愚痴的人才好樂往生西方淨土。他還認為，淨土是為一分執相（執着我識）的下劣凡夫而施設的。因為下劣凡夫修行上不了軌道，就好像失去水的魚，馬上就要乾涸而死，所以不得不將錯淨土而安置之，此亦屬於化城。最後曹魯川甚至還說：尊者您要攜我到極樂蓮胎，豈不是把人又捉到迷津裏去嗎？不就如同讓我把黃金拋棄，而去挑一擔草嗎？曹居士這樣的觀點在當時社會是具有代表性的。

又民國年間，印光大師撰《淨土決疑論》，是假借紅螺山慕蓮法師的口氣而作。這篇論文的發起因緣與一個執理廢事的上座師有關。有一天，上座師來參學，論主（印光大師）很歡喜，就贈送給他一本《彌陀要解》。這位上座師翻了兩頁，就開始大發議論，稱他曾經也看過《彌陀要解》，見到文中說：《華嚴》奧藏，《法華》祕髓，一切諸佛之心要，菩薩萬行之司南，皆不出於這部《阿彌陀經》。他認為，蕅益大師在《彌陀要解》中像這樣讚歎的詞句不勝枚舉，這是貶低宗教，過讚淨土，謗正法輪，疑誤眾生。他還很氣憤地說：真想不到蕅益大師以千古稀有之學識，不去弘揚直指人心之禪與止觀，反而著這樣的《彌陀要解》，作為愚夫愚婦的護身符，使得普天之下的緇白二眾守淨土一法而拋棄菩薩萬行，取牛蹄大的一點水而捨棄大海，同入迷途，永背覺路，斷滅佛種，罪過彌天。欲報佛恩的人，應立即將《彌陀要解》毀滅令盡，怎麼還着鈔來助其流通呢？這個上座比丘出家至少二十年，聲稱自己通宗通教，這樣一個眼空四海、誓證一乘的人，卻因此而憤心厲氣，好像面對仇人一樣。清末民初，持這種觀點在教內也是很普遍的，可能現在也還有不少。有鑒於此，印祖悲心撰述《淨土決疑論》，扶正法眼藏，摧邪顯正，啟人淨土信心，厥功甚偉。而淨土法門之難信，於此亦窺一斑。甚至於現在教內還有人認為《禪淨四料簡》是偽造的，並非永明大師所撰，諸如此類，這些都屬於認知狹劣所致。

（三）本能的懷疑

懷疑是信的對立面，是我等眾生的五種根本煩惱（貪瞋痴慢疑）之一，這是修行佛法必須要剔除的心理障礙。然在末法時期卻是懷疑越來越成為主流，而且從所謂哲學和科學的層面得到了正面肯定。自從工業化以來，宗教的神聖性退失，變得越來越世俗化，學界稱之為祛魅，祛去宗教的神聖超越的魅力，所以才有尼采所說的「上帝死了」。尼采在《快樂的科學》這部書中寫道：有個瘋子在大白天手提燈籠，跑到市場上，一個勁兒地呼喊：「我找上帝！」有人問他：上帝失蹤了嗎？另一人問：上帝迷路了嗎？或者他躲起來了……瘋子就說：上帝死了，上帝是被我們殺死的！

尼采的思想以獨特深刻著稱，他敏銳地觀察到工業化以來西方式的邏輯思維、二分法，使人們越來越注重世俗的東西，當一切都傾向世俗的科技和市場功利時，「上帝死了」的結局便順理成章了。然而，「上帝死了」卻給西方人帶來了嚴重的精神危機。原先一切價值是上帝確定的，而現在上帝死了，價值的確立者不存在了，那誰來填補這一信仰真空呢？在存在主義哲學和現代文學荒誕派裏面，明顯表現出西方人這種內心空茫的恐懼感。既然沒有了上帝，那自己就是上帝，自己就能為價值立法了。但人是極為殘缺的，尼采在他的「超人哲學」中也談到，人是不完美的客體，人是需要超越的，所以他要追求超人的境界。人和超人的區別就如同猿猴與人的區別，人走在鐵索上，是要完成由人向超人的飛躍。

現代人的信仰空虛也導致了現代人對一切的懷疑，一切科學和哲學都要重新去判斷，都要先歸零，從頭開始建構它的理論。批判意識和懷疑精神是現代科學、哲學知識累積的必要前提，於是大力地張揚這種懷疑。而對於先天所預設的一切信仰的前提，都認為是不科學的，都要予以掃蕩。這種懷疑精神也會遷移到對待佛教的態度上，現代科學認為對不可知的、彼岸的、超驗的東西，應該畫上括弧，不予理睬。科學是可驗證的、客觀的、可重複觀測的。在佛學研究上，亦要保持「純客觀」的精神去研究，才能得出真實的結論。這些觀念都是由懷疑精神自然衍生出來的。而淨土法門是極為超越的法門，根本不屬於邏輯思維和心意識的範疇，而且一落到這裏，可能就白雲萬里，天壤之別了。現在一些學者去研究天台宗或法相宗時，可能還有可觀的地方，而一旦要研究淨土法門或者《華嚴經》，就有先天的不足。所以，要產生正信，確實有一個預設的前提，那就是仰信、遵信。佛法大海，唯信能入。信心如手，沒有「手」，即使進入寶山，也會空手而回。懷疑是最大的罪根，對淨土法門而言，業障再大都不是大問題，心存懷疑才是大問題。唯有狐疑是棄材。

綜上所述的三點起信之障礙，歸根到底還是福德智慧問題。五濁惡世的我等眾生都是福德薄、智慧淺的凡夫。福德如水，智慧如舟。福德不厚實，智慧無由生起，無水無由泛舟。因此對這個超越性的淨土法門，無論怎麼勸化他，也還是不相信。他需要有實驗報告、量化資料等所謂的世間證據。當然，天主教、基督教也存在這麼一個困境，就是如何證明上帝的存在。有個數學家很有意思，他用博弈論的方法來證明信上帝是更好的選擇：如果信上帝，最後結果並沒有上帝，那也沒有失去甚麼；但如果不信上帝，最後還真有上帝，那不得上天堂的損失可就大了。他從這個意義上來說，信上帝是更好的選擇。這還是從邏輯思維裏面去推導出無奈的結論。然眾生的善根不可思議。《無量壽經》（漢譯本）云，「佛言：其有善男子女人聞無量清淨佛聲（即阿彌陀佛名號），慈心歡喜，一時踴躍，心意清淨，衣毛為起淚出者，皆前世宿命作佛道。若他方佛故，菩薩、非凡人。」證知，啟動宿世淨土善根或開始培植今世福德智慧乃是斷疑生信之當務之急。

二、起信之路

對於淨土法門這麼一個難信之法，我們怎樣才能生起信心呢？善導大師曾提出「就人立信」與「就行立信」二種方法，歷代祖師也是從這二個層面契入的。由於淨土的事理、性相、因果不是我等凡夫邏輯思維所能繫緣的境界，如來智慧之海，連二乘的聖者都無法測量，更何況我們這些業力凡夫！既然不能測量佛智，那該怎樣契入？茲從三個方面予以討論：（一）就人立信；（二）就行立信；（三）從果入手立信。茲分述如下：

（一）就人立信

就人立信，意謂由於相信宣說此法的人而對法產生信心。這個「人」就是指釋迦牟尼佛。佛一代時教，五時說法，千經並闡，萬論均宣，不斷開顯念佛往生淨土一法。我們要相信，釋迦牟尼佛是實證法界真理者，是圓滿一切種智者，是證到空性，以無緣大慈、同體大悲的願力示現在我們這個世間的古佛，目的就是要讓我們離開三界的火宅，圓成自性的佛性。世間人講假話，不是為了牟利，就是為了滿足自己的虛榮心，或者怕受到傷害。釋迦牟尼佛既沒有名利的動機，又沒有被傷害的風險，因此佛沒有必要說假話，沒有必要來誑騙我們。並且，在《阿彌陀經》和《無量壽經》裏面，當釋迦牟尼佛宣說極樂淨土之時，十方諸佛都現出廣長舌相，遍覆三千大千世界來證明這樁事情的真實性。所以淨土法門是一佛所說，一切佛共同證明的法界大事因緣。對此，我們要產生決定的信心，這就是就佛德生仰信。

■〔盛唐〕《十方佛》局部 莫高148窟

在宗教層面講信仰，不能站在高處俯瞰，因為我們沒有這個境界。比如這個世間的珠穆朗瑪峰，它的峰頂是甚麼情況，怯弱者爬不上去，也就不得而知，但我們相信上面是風光無限的。所以要仰信，或者稱為遵信，遵信佛所說的，相信佛所說的不會有錯，相信佛所說的一定是真實的，相信佛所說的一定是對我們眾生有大利益的。所以信淨土的人，根本意義上是由於「佛說」，也就是由佛的聖言量而發起信心，這是一個本質點。於是我們對淨土法門的採信，就是唯佛所說才能信。一切菩薩，四果羅漢、辟支佛、地前菩薩，乃至初地以上、十地以來諸菩薩，所說的都只能作為參考。唯佛所說，才能相信。

(二) 就行立信

就行立信，意謂對佛祖為吾人選擇的修行方法建立信心。善導大師將修行方法分為正行和雜行。其中，正行有五種：一心專門讀誦淨土三經；一心專注觀察西方極樂世界依正莊嚴；一心專門禮拜阿彌陀佛；一心專稱阿彌陀佛名號；一心專讚歎供養西方三聖。在這五種正行當中，一心專念南無阿彌陀佛名號是最核心的，稱為正定之業。因為能夠稱念佛號，就隨順了阿彌陀佛因地建立名號度眾生這一核心的願。其餘的讀誦經典、禮拜等都屬於助業。除正助二行之外，其他的善行都稱為雜行。雜行就是疏雜之行，跟修淨土比較疏遠一點，但是並不是雜行不能往生了。如果修前面的正助二行，身口意三業就與極樂世界、與阿彌陀佛產生親近密切的關聯，憶念不斷，這稱為無間業——不間斷的淨業。如果不是專持名號，而去修很多雜行，那麼與阿彌陀佛的名號和功德之間就常常會有間斷，雖然可以通過迴向得生淨土，但與一心稱念佛號往生相比，它叫疏雜之行，還是有風險。

而且，淨土一法是阿彌陀佛所肇立的，是釋迦牟尼佛一代時教宣說的，是西天東土歷代菩薩祖師幫我們選擇的，這也是就行立信的另一個含義。在印度，馬鳴菩薩、龍樹菩薩、天親菩薩都有著述指歸極樂淨土；在我們中國，從慧遠大師開始，到智者大師、永明大師以及近代的印光大師，這些大祖師都是至心修行淨土法門，自行化他。在淨土教理史上，有個「三聖指歸淨土」的美談。

蓮宗第四代祖師法照大師曾在五台山大聖竹林寺有過奇特的經歷。法照大師在五台山見到一座非常莊嚴的寺院，黃金為地，七寶行樹，那是實報莊嚴土的境界，他在那裏見到了文殊、普賢二位菩薩。那也不是一般因緣能夠見得到的。法照大師原來在湖南南嶽修行，在缽裏面看到五台山的景象，然後再去五台山。一到五台山，蒙佛光照引，被善財、難陀二童子引領至大聖竹林寺。寺內的殿堂極為莊嚴，文殊和普賢二位菩薩坐在兩邊。法照大師恭敬啟問：「末法眾生，去聖時遙，煩惱厚重，不知修甚麼法門能夠得到解脫？」文殊菩薩告訴他：「修念佛法門，今正是時。我是由於修念佛法門故，供養三寶故，得一切種智。」法照大

■〔中唐〕《普賢變》榆林25窟

師又問：「若念佛，當云何念？」文殊菩薩回答：「當念西方極樂世界阿彌陀佛。」直接向他傳授念佛法門。然後，文殊和普賢二位菩薩伸出金色手臂為他摩頂授記：念佛決定往生。法照大師出寺門後，轉瞬間，那座寺院就不見了。在我們看來，是一片荒野的地方，在特殊的因緣，恰是一座金碧輝煌的寺院。法照大師就在那裏立了一塊石頭，剛開始怕別人不相信，不敢跟人講。後來念佛時，見一位梵僧指點他：「你怎麼不把這件事說出來呢？」法照大師回答說：「說出來怕別人不相信，會誹謗。」那位梵僧說：「連文殊菩薩在五台山歷來都被人誹謗。沒關係，你說出來，只要有人相信，能夠生起善根，就是好事。」法照大師這才把這段因緣說出來，以後在那裏建造了大聖竹林寺。

唐代還有一位慧日法師，他曾效仿先德去印度求法，經過三年的跋涉才抵達印度，途中歷盡了千辛萬苦。正因為遭遇到這種苦，他才對閻浮提深生厭離，所以一到印度就到處問，有否可以當生解決生死輪迴的法門？天竺國的高僧大德都告訴他：欲當生了生死，唯修念佛法門。雖然有很多高僧大德向他如是指點，但他內心還是沒有生起決定的信心。慧日法師之後到了北印度健馱羅國，聽說國城東北有一座大山，山裏有觀世音菩薩像，只要至誠祈禱，觀世音菩薩就會顯聖，他就發心要請觀世音菩薩幫他抉擇此事。於是，慧日法師就在這座山前連續七日禮拜，他不吃、不喝、不睡，發起了猛利的心。果然，在第七天的夜晚，觀世音菩薩真的現前了，在空中現紫磨真金色相。觀世音菩薩開示說：「汝欲傳法自利利他，西方淨土極樂世界彌陀佛國，勸令念佛誦經，迴願往生。到彼國已，見佛及我，得大利益。汝自當知，淨土法門勝過諸行。」觀世音菩薩的這段開示與之前天竺國高僧大德的開示相符，至此他才產生了決定的信心，一心念佛求生淨土。慧日法師回國後，曾入宮為唐玄宗講法，唐玄宗很欣賞讚歎他，賜號慈愍三藏。後來，他看到那個時代的禪宗空腹高心，就寫了部書，叫《往生淨土集》。可惜的是，這本書現在已經殘缺不全，大部分都佚失了。

這二個公案是特殊的宗教體驗感應的產物，感得文殊、普賢和觀世音三位菩薩為這個世間的修行人開示。這也是一個能讓我們產生信心的一個管道，尤其這裏特別開示的，還就是專稱阿彌陀佛名號，往生極樂世界為指歸。

《般舟三昧經》中，跋陀和菩薩（即賢護長者）修得般舟三昧，看到阿彌陀佛現前，也啟問：「這個世間，修何等法能夠往生西方淨土？」阿彌陀佛告訴他，但稱佛名，即得往生。《觀經》中，釋尊對韋提希夫人的開示，亦復如是。善財童子在《華嚴經》中示現一生成佛的歷程，德雲比丘是他五十三參時遇到的第一位善知識，就是給他介紹念佛三昧，最後一位善知識普賢菩薩則以十大願王導歸極樂。所以我們從中瞭解到，淨土往生一法，不僅是阿彌陀佛建立，釋迦牟尼佛一代時教，金口親宣，並且也是歷代菩薩祖師早已為我們選擇好了的。

（三）從果入手立信

信心的建立，也要從果地入手。否則的話，就會產生執着，認為淨土法門雖然好，但得眼見為實——一定要親眼看到有阿彌陀佛，才相信。或者在選擇法門時，一定先要瞭解所有的法門，經過比較，確認淨土法門好，才願意信受奉行，這還是堅持靠自力來建立信心。這些觀點聽上去似乎也不錯，但仔細分析，很難行得通。如果說要遍覽《大藏經》，在瞭解所有法門之後，通過比較才能產生信心，那麼捫心自問一下：我們有這麼高的智慧嗎？三藏十二部，法門無量，入海數沙，我們有能力甄辨嗎？再者，就好比有人生病了，第一反應就是找一位醫術高明、宅心仁厚的醫生看病。醫生通過望聞問切作診斷，知道病況後，對症下藥。出於對這位醫生的信任，病人吃藥，病自然就好了。如果非得要執着：我得要瞭解一下，這個藥方開得對不對，藥的分量夠不夠，這個藥是哪裏產的，藥性怎樣，這個藥走哪個經脈，效果如何……搞清楚這些，我才服這個藥。那可能還沒等搞清楚這些問題，就已經嗚呼哀哉了。

所以佛常常對眾生的一些戲論之問不作回答，也就是置答。例如「世界是有邊，還是無邊」之類的問題。這些是需要我們關心的嗎？就如同一個人中了毒箭，當下第一反應是甚麼？得趕緊把毒箭拔出來啊！現在非但不這麼做，而且還在別人要幫他拔箭的時候說：「且慢！我要知道這支箭是從哪裏射過來的，這支箭是用甚麼材質做的，箭簇所用的鋼鐵產自哪裏、有多厚，箭頭上是些甚麼毒藥，劑量有多少。等我把這些搞清楚，你才可以拔。」恐怕還沒來得及搞清楚，就一命嗚呼了。

所以現在的當務之急是解決生死大事，而不是糾纏於這些戲論。正如蓮宗祖師示現的，在相信這個法門之後，就是服藥，就是念「南無阿彌陀佛、南無阿彌陀佛……」不去搞那麼多理論。有人問蓮池大師：「您老人家修行甚麼法門？」蓮池大師說：「我平生所務，唯南無阿彌陀佛。」蕅益大師是大智慧者，通宗通教，到晚年便全都放下，不參禪，不學教，彌陀一句真風調。徹悟大師把原先參禪所寫的書稿全部焚燒，就是一天十萬聲佛號。這些都是從信心下手的榜樣。有信心，就有堅定的願力，就會老實念佛，再也不會去搞其他的了。三藏十二部，無量的法門，等往生到了極樂世界之後再學，現在我們既沒有這個水平，也沒有時間和精力，因為不知哪一天就到達人生的終點了。生命無常，國土危脆，亟須如救頭燃，抖擻精神，撥棄世事。得一日光陰，念一日佛名。得一時功夫，修一時淨業。由他臨命終時，好死惡死，我之往生資糧預先辦好了。免得臘月三十到來，手忙腳亂，後悔莫及。

三、一信之後，更不再疑

這「一信」極為難得，在無量劫永不休止的輪迴當中，我們對淨土法門從來就沒有過這一念的信心。吾人內心充滿着無明黑暗，充滿着世間的恩恩怨怨、貪瞋痴慢疑，這一念淨土的信根、信力出不來，完全被障蔽了。但是在今生，藉助宿世的微少善根，我們忽然聞到了淨土法門，並且產生了一念信心。這一念信心的產生，由於是猛然間聽到，沒有經過邏輯思維，是自己的善根發露，是自性般若智慧的閃現。這是整個自性清淨的善根和超越性的不可思議的淨土法門，忽然契合，就像是觸電之時，冒出火花。此刻，深層心性中湧出信心。這個信心是現量的，並沒有經過考慮。一考慮就不行了，懷疑又會像潮水一樣湧過來。所以，我們要尊重這稀有難得的現量的一念信心。

這一念信心產生之後，更不再疑。為甚麼更不再疑？因為這一信是在那個難得的、特定的時空點產生的，這個瞬間的碰撞過去之後，我們又回到了日常的心理和思維狀態當中，用這樣的思維狀態再去想淨土法門，就會生起懷疑的烏雲，障蔽淨信之日。這就有點類似王羲之寫《蘭亭序》，這篇傳世之作就是在特定的情況下一揮而就的。當時天朗氣清，眾多有緣人聚會在一起，流觴曲水，王羲之在微醉狀態下以草稿的形式寫下了這幅作品。事後他一看，覺得不錯，就想要寫一幅正本，殊不知再寫任何正本，都無法超越之前隨手揮就的那份草稿。也就是說，只能在那種特殊的狀態中才寫得出來，而且那個狀態稍縱即逝，再要寫出那種水平，不可逾越，不可複製。

所以要尊重這一念的信心，執持住，不再懷疑。不僅要阻斷自己的懷疑心，而且也不要受他人的影響，因為有時候別人的懷疑更會引發自己的懷疑。可能有人會說：「你怎麼能相信這個？這沒有道理。」或說：「你業障深重，怎麼能到極樂世界去？那可是實報莊嚴土，是法身菩薩才能去的，你能去得了嗎？」如果受到這些話的影響，就更認為自己業障太重，去不了極樂世界。但是我們要有信心，要相信這是阿彌陀佛給我們的大恩賜，他就要讓我們這些業障深重的人去，對此更不再疑。又或者有人說：「經典當中說，我們信願念佛，當下極樂世界七寶池八功德水裏面就有一朵標着我們名字的蓮華，這怎麼可能呢？」聽到這些話，他又會想：「是不太可能，我這一念心怎麼能超越到十萬億佛刹之外去？我的名字還能寫在極樂世界的蓮華上？我自己都不相信，我有那麼高貴嗎？」這就又開始懷疑了。再或者有人說：「你一點福德都沒有，到寺院只捐一百塊錢，你怎麼能去極樂世界？」可見，各種各樣的懷疑紛沓而至。是故，堅固信心，更不再疑，就來得至為重要。

信願念佛
莫換題目
癸巳夏釋大安書

■ 東林寺大安法師墨寶

「一信之後，更不再疑」這句話是楊傑居士說的。宋代很多文人士大夫修學佛法，不僅研究佛法，真的是身體力行，楊傑便是其中的代表人物之一。楊傑，又叫楊無為、楊次公，是宋代非常著名的大居士，為官一任，造福一方。他通宗通教，曾經參天衣義懷禪師，有一次登泰山時看到日出開悟了。他在宗門下是有資格上《傳燈錄》的。他的母親去世後，楊傑居士在家裏丁母憂三年，閱《大藏經》，對淨土法門產生了信心。之後，楊傑居士就常常畫丈六的阿彌陀佛像，而且無論到任何地方做官，都要隨身攜帶阿彌陀佛像來供養和稱念。臨命終時，他感得阿彌陀佛前來接引，臨終時他說了個偈子，這個偈子有着禪和淨的特點：

生亦無可戀，死亦無可捨。
太虛空中，之乎者也。
將錯就錯，西方極樂。

其中前四句帶有禪宗的意味，對生死要勘破它的夢幻泡影，也沒有甚麼戀，也沒有甚麼捨。在太虛空當中，這些「之乎者也」都如空中之花。因為宗門下認為，有所念之物，或者心外有所求之物，那都是着相，都是錯。依這樣來看，建立心外的淨土，包括念阿彌陀佛名號，也是舉心就錯。在後兩句中，楊傑居士表達了他的淨土情懷，他能夠「將錯就錯，西方極樂」，也因此就能念佛感阿彌陀佛前來接引。不將錯就錯，就一錯永錯；將錯就錯，就得到大安樂。蓮池大師在《往生集》中對楊傑居士都很讚歎：我希望天下所有的聰明才士都能像楊傑居士一樣，成就這一錯也。

楊傑居士相信淨土法門後，就隨分隨力地去傳授念佛法門。他有一個同僚，作司士參軍，叫王仲回，他在楊傑的啟發之下對淨土法門產生信心並開始念佛。念佛一段時間後，他向楊傑請教了一個問題：「念佛如何得不間斷？」從一般的立場來看，這是在問念佛功夫上怎麼才能不間斷。但是楊傑居士並沒有跟他講念佛的功夫，而是說了這句話：「一信之後，更不再疑。」意謂產生這一念信心之後，不要再去懷疑，就可以。王仲回也很有善根，聽了之後欣然而去。不久，楊傑做了個夢，夢見王仲回來向他致謝，說：「因蒙你的指示，我得大利益了，今已生淨土矣。」後來楊傑見到王仲回的兒子，問起他父親往生時的情景及時節。原來王仲回聽了楊傑的話之後，就歡喜念佛，毫無懷疑，臨終七日前預知時至，遍告親友他要往生了，最後是正念念佛往生的。而且，王仲回往生的時候，正是楊傑居士得夢的那一天。

我們常常講，以文殊智修一行三昧，修一相三昧，這「一信」就是文殊根本智的展現，靈光一現。這一信就有信根，就有信力，所以要培植信根，壯大信力，令信根信力相續增上，便可自然獲得念佛之勝妙利益。

天親菩薩在《往生論》中談五念門，其中第二門非常重要，就是讚歎門——稱念名號。五念門實際上也是和信心直接掛鉤的，觀察西方極樂世界的依正莊嚴是要令人產生信心，稱念阿彌陀佛名號也是要令人產生信心。有了初步的信心，就去稱念；通過稱念，又加強信心。於是，我們就要瞭解彌陀名號的功德，《往生論》中是這樣表達的：「稱彼如來名，如彼如來光明智相，如彼名義，欲如實修行相應故。」這裏的「如來名」就是指阿彌陀如來的名號，其本質上就是光明智慧之相。因為彌陀名號裏面有光明，光明就是般若智慧的體性，光明智就是要爍破眾生的無明黑暗。歷來的蓮宗祖師都說，如果佛不宣說淨土法門，不稱揚彌陀名號，萬古如長夜。眾生的無明黑暗就像長夜漫漫，唯有彌陀名號的光明智慧之相才能夠衝破它，才能滿眾生的一切志願。如果念佛念得相應，不僅能滿足臨命終時往生淨土快速成佛的志願，世間的福德和世間的需求也都能滿足，這是彌陀名號本質的功能作用。

然而自古以來，也有一種人，雖然稱念佛名，也憶念佛德，但是無明還在，無法滿願，其根本原因就是信心的問題。信心一旦出了問題，就不是如實修行了，也就與這個名號內具的法印不相應了。要做到如實修行，就一定要有信解。首先，要信解阿彌陀如來的名號是「實相身」，是諸法實相，有求必應，實相的功德就在名號裏面。並且，要信解這個名號是「為物身」。物就是眾生，阿彌陀佛施設這個名號的目的，就是為了拯救眾生、幫助眾生，惠以眾生真實之利。所以阿彌陀佛把一切拯救眾生的功德，如神通、光明、辯才、智慧、善巧等都融聚在這個名號裏面。我們對這些一定要信解，否則信心就會出問題。

如果信心出了問題，就不能如實修行，不能跟彌陀名號相應。《往生論註》中闡述了三種不相應：第一種是「信心不淳」。雖然有點信心，但不淳淨，若有若無。有時候信心很足，認為阿彌陀佛真實存在；有時候信心又很弱，覺得極樂世界阿彌陀佛虛無縹緲。由信心不淳，就會「信心不一」，沒有決定信，這是第二種不相應。比如弘揚淨土法門時，要是自己信心不專一，沒有底氣。當別人問到阿彌陀佛極樂世界是否真的存在時，如果沒有決定信，就會用模棱兩可的詞語，如「大概」「也許」「估計」「推測」等來搪塞。但到底是否真的存在，自己對此也不確定。這種無決定信就會導致第三種不相應，「信心不相續」。楊傑居士說「一信之後，更不再疑」，有了懷疑，信心就會被懷疑的念頭間斷，便會出現很多狀況。一懷疑，就會把念阿彌陀佛求生淨土的心先擱置起來，覺得不如先去追求現世能抓得住、看得見的利益。而且，信心不淳，信心不一，信心不相續形成一個惡性循環，輾轉相成。由於信心不淳，就沒有決定信；沒有決定信，念佛就不能相續。又或者由於念佛不相續，所以產生不了決定信；決定信沒有根本的信根，信心也就不淳。然後別人來說甚麼，馬上就動搖。有不少曾經是修念佛法門的人，過了幾年之後都去學南傳了，或者修密宗了，或者修其他法門去了。

甚至更為可笑的是，前幾年我在東北，說有個比丘看了《弟子規》，可能是說《弟子規》多麼多麼好，行孝多麼多麼重要。他就覺得：哎呀，我孝都沒有行好，他就還俗去行孝了。那這肯定是對淨土的信心沒有解決，他會出現這個問題。無論出家，還是居士，學佛的目的是要解決輪迴問題。解決輪迴問題就是一心靠倒阿彌陀佛的願力，跟行孝做得好不好，這沒有直接關聯。當然我們也強調孝道，孝道做得好，往生的品位高；孝道做得不怎麼好，但是具足信願稱名，也可以往生西方極樂世界。

四、決定信相

蓮宗祖師都在講決定信相問題。有決定信，它是有相狀的，是有表示的。信根是札在我們的心田裏面，是札得很深的，跟文殊的般若智慧之水是相接的，所以這個信心就猶若金剛，不被動搖。

那不被動搖之相，善導大師在《觀經四帖疏》裏面談到，縱使四果聖人、辟支佛、地前菩薩（即十住、十行、十迴向菩薩）等援引很多經典，說罪惡凡夫怎麼能往生呢？沒有這回事。你聽了之後，絕對不動搖，唯增強決定往生的信心。進而，縱使初地以上、十地以來諸菩薩，廣引很多的經論說：業力凡夫往生極樂世界，是沒有這回事的。你也絕對不受動搖，堅定相信業力凡夫信願念佛，必得往生。乃至於化佛、報佛一一各舒廣長舌說：釋迦牟尼佛說的一時方便之談，並沒有這回事。你也不受動搖。諸佛現前，你也不改自己的信心。

徹悟大師這麼表達決定信心之相：若自己正在念佛的時候，忽然達摩祖師現前，說：「我有直指人心見性成佛之禪，你把念佛放一放，我就傳授給你。」這時候，要向達摩祖師頂禮，說：「我已經信願念佛求生淨土了，雖然祖師有深妙之禪，但我不敢改變我原來的信心。」再過一段時間，釋迦牟尼佛親自現前了，說：「我原來說的淨土法門是一時的方便之談，現在有更殊勝的法門，你可以把念佛法門放一放，我就為你宣說。」那這個考驗就更大了。這時候怎麼辦？仍然要向釋迦牟尼佛恭敬頂禮，說：「我曾經聽您老人家宣說淨土法門，發願念佛求生淨土，矢志不移。雖然您老人家還有更殊勝的法門，但我還是不敢改變我原來的發願——信願的初衷。」那就是佛祖現前都不改變自己淨土的信心，更何況其他的別解別行的這些修行人，還能夠改變嗎？這才是有點信根、信力的樣子。

我們從淨土的這種信心來看，信心的因心當中，契入了或者嵌入了佛的果德之法在裏面，也就是說我們的淨土的信心仍然還有着阿彌陀佛的這種加持在裏面。所以為甚麼我們信心不夠的時候，多讀誦大乘圓教的經典，打開我們的心量，以佛的知見作為我們的知見。然後我們懷疑心很重的時候，就得多看歷代祖師傳記、《淨土聖賢錄》這些往生的公案；我們的福德很薄的時候，就得要修行淨業三福，培植福德，叫培福載道。

尤其要注意，要去念佛。我們對這個超越性的法門信心不足，是由於我們缺乏智慧。實際上，這句彌陀名號就是無上的般若智慧的結晶，十二光如來的功德都在這句名號當中。光明是阿彌陀如來的般若智慧之相，如果透過這句名號的持念，接納到阿彌陀佛十二光的般若智慧，我們斷疑生信的力量就很巨大。正如昨天有個居士彙報，他在觀音殿發個願：我二十四個小時不出香光講堂。他就最後實現了這麼一個願望，這有佛力加持。如果靠自己的力量想二十四小時不出來，還是蠻難的。一下覺得口渴了，是不是喝點水好？一下覺得好像要方便一下了……念頭一動，在那個香光講堂待不下來的，就一定要出來一下才舒服的。眾生的這個念頭、這種慣習，那絕對是佔主導地位的。但是我們發的一個大願，有佛菩薩的力量加持，這種慣習就會阻斷。

所以阿彌陀佛深知我等眾生在我們的生命當中有種種懷疑，就在我們念佛之後，還有種種懷疑，他一定是在四十八大願裏面，在他的彌陀名號的建立方面，是預備了讓我們斷疑生信的力量在裏面的。所以這就要多多念佛，以彌陀名號的般若智慧光明、真如來熏習我們的無明的暗冥的心。

大家也許有體會，念佛念得很相應的時候、心比較清淨的時候，那對於極樂世界的相信，就會加很高的分；如果很散亂，忙於世間的事業，一天到晚在世間的人我是非打滾的時候，就越來越疏遠，越來越覺得極樂世界、阿彌陀佛的存在性都要打好幾個問號。因為只要我們的業力、我們的思維方式——邏輯思維佔上風的時候，那一定是懷疑的。所以超越這種懷疑，就是要回歸到這種不可思議的立場，去接受不可思議的熏習。因為我們能念的心、所念的名號、這個法門的施設、阿彌陀佛的願力、我們念佛的功德力，這些都不是世間法的範圍，完全都是不可思議的範圍。

五、選擇相應的道場與善知識

絕大多數人都懷疑，都不信，一個念佛的人，無論在家庭，還是在單位、在社會上，一定是很少數的。在東林寺，好幾百人、幾千人都在念阿彌陀佛，好像很興旺發達，但是中國有十多億人口，把你們都撒到茫茫人海當中去，能佔多少比例？佔的比例低，自己是少數派，那又有問題了：人家都不相信，偏你相信？人家手上拿着手機，你就拿着念珠？人家都在算今天的股市多少，你在那裏阿彌陀佛、阿彌陀佛……那你相差得太遠了，人家就會嘲笑你，就會打擊你。那人家一嘲笑、一打擊，你就開始動搖了：「哎呀，是啊，可能是不是我出問題了？人家都不念，為甚麼我偏要念？念念股票也挺好，今天是牛市，還是熊市？隨眾，又能賺到錢。」這種信心，太不容易了。

我們為甚麼要選擇同參道友？大家都能夠相信，相互增上。包括十天百萬佛號的閉關念佛，我們關房很緊張，很多居士非得過來，有時候我們勸他：「你就在家裏念，或者在其他的寺院念，都一樣。」他馬上說：「不一樣，我覺得這邊關房就是不一樣。」這樣想想，很多人都有這樣的感受，也許還真的不一樣。因為這個地方是一千六百年的一座古道場，尤其來的人都相信，那都相信它就有加持力，相互熏習。如果你在家裏念，社區的生活氛圍很濃厚，在氣場當中，你的阿彌陀佛的氣場跟整個的氣場，是不相融的，所以你不僅得不到其他的加持力，而且它在抵消你這種能量。然後，如果再來一個電話跟你東家長西家短，你念佛的心境就完全沒有了，東家長西家短，跟他去了。當然最好是不要電話，不接手機。但即便如此，那種氛圍還是不一樣。

那在其他寺院，如果是淨土的道場還好一點，如果修其他的法門，它的氛圍又不一樣。而且這一批人都是對淨土的信心已確立，它才有很好的加持力，光光互攝。否則，信心不一樣，它會抵消，而且還會鬥諍堅固。修行不同法門的人共住一個道場，容易產生諍論。比如修學法相唯識的，他就天天發願要往生兜率內院。往生兜率內院，相互尊重也可以，但他卻開始辯論了：兜率內院好，兜率內院離我們很近，很容易往生。極樂世界太遠了。於是他辯論這些內容，反而生煩惱，而且相互可能都在有意無意地在謗法。

所以選擇一個相應的道場，選擇一些相應的同參善知識，這在解決我們信心不淳、信心不一、信心不相續方面也是有增上緣的作用。因為靠自己想建立這種淳淨的信心，還是很難的。

為甚麼極樂世界會有一個邊地疑城呢？不是特意施設的，而是他那種夾雜着懷疑的念佛心，自然顯現的方圓二千里的一個城，出不去。但這個城裏也有八功德水，也有七寶池，衣食自然，也有宮殿，但是不能見佛，不能聞法，不能見菩薩聲聞僧。懷疑就有問題，不能化生，而是生在疑城，胎生。那在這種情況下，阿彌陀佛仍然放光加持，讓他深知出不去的原因，這個原因就是懷疑。把懷疑一懺除，他就出來了，因為心裏變現出來也是沒有真實性的。

所以，對淨土法門來說，懷疑是眾罪之本，信心是眾善之元。

淨土法門，左說右說，橫說豎說，這個信心永遠是繞不開的，是有決定意義的，這個信心就是對阿彌陀佛他力的信心。所以這個信心當中，一定是貫穿着阿彌陀佛果地的功德在裏面的。阿彌陀佛的法身進入到我們每個眾生的內心、念頭裏面，所以我們舉心動念都有着阿彌陀佛的加持。當我們看到世間的種種不如意的時候，佛會加持我們，深知這個世間不可留戀，要趕緊出離；當我們生病痛得叫爹叫娘的時候，我們要深知這個業報身的苦惱、痛苦、不可靠，要換一個如來身——金剛那羅延的身體；我們念佛念得很疲倦、很缺乏味道的時候，阿彌陀佛不斷光的加持，讓我們對治懈怠、放逸、退轉的心，讓我們堅持下去。所以，冥冥當中的佛號光明的力量都在加持我們。所以阿彌陀佛離我們很近，阿彌陀佛就在我們的念頭當中，阿彌陀佛如母憶子地在關照着我們。唯有阿彌陀佛全程的這種加持，才能使我們的信心逐步地由淺到深，由無到有，由不完備到圓滿。這個信力圓滿的當下，全體的就是佛力，也是我等眾生自性之力，這時候才能深知淨土法門全在了他即自，全體的他力就是自性之力。自性之力和阿彌陀佛的他力並沒有一個界限，融為一體，光光互攝。

是故，保持淨土信心與稱名念佛要相輔相成，相資並進。宋代曾作過禮部侍郎的吳秉信居士，便是吾人身體力行的榜樣。他日夕宴坐，製一棺材，夜晚睡卧其中，至五更，令童子叩棺而歌曰：「吳信叟，歸去來。三界無安不可住，西方淨土有蓮胎。歸去來。」聞童子唱，即起念佛禪誦。臨命終時，全家人靜聽，咸

聞天樂之音。吳居士即曰：「清淨界中，失念至此。金台既至，吾當有行。」言訖而逝。（《淨土聖賢錄》卷七）

綜上所述，於淨土難信法，能生決定信心，並解行並進，死盡偷心，不換題目，懇切持名念佛，今生定當蒙佛接引，橫超三界，疾速圓滿佛果。如是念佛人，釋尊讚譽為「則我善親友」（《無量壽經》）。意謂能信願念佛，精進求往生者，不僅是人中白蓮華，直接乃是釋迦佛的善友與親友。釋迦本師對念佛人以「友道」相視相待，可見念佛行人是何等的尊貴。至心念佛，全攝佛功德為自功德，香光莊嚴。誠如徹悟大師開示：「念佛時即見佛時，亦即成佛時。求生時即往生時，亦即度生時。三際同時，更無前後。」（《徹悟大師遺集》）此乃以法界心念法界佛之神妙！與《華嚴》「初發心時即成正覺」的圓融理念無二無別。噫！信之時義大矣哉！

■〔中唐〕《觀無量壽經變之九品行生》榆林 25 窟

第三講

如何煉成厭欣之願力

淨土三資糧信、願、行之間有着密切的、相互增上的關係。首先要起信，由信，能帶動願；由願，能引導行；再由淨業行持來圓滿往生之願，並證明原來所信的淨土和阿彌陀佛真實不虛。

所以，繼信門之後，還要談願門。願的核心內容即是「厭離娑婆，欣求極樂」這種厭欣心，非常具有超越性。我等眾生，於此世間，每天充塞於內心的，大多是希望事業有成、家庭和順、健康平安，財色名食睡五欲享樂越多越好。在世間種種欲望心中，要生起厭離娑婆、欣求極樂的心，可不僅是水中生蓮，而是火裏生蓮那樣稀有難得了。這不僅要有淨土的願，而且還要有力量——願力。如果這個願是由真誠心和淳信心所發起，具有快樂和決定的要素，就能產生「力」。所以「厭離娑婆、欣求極樂」就需要從我們世間種種的執着迷情中去提煉、去昇華。

只有厭離娑婆，才能轉凡；只有欣求極樂，才能成聖。轉凡成聖即在厭欣心中得以成就。為了令我等眾生成就厭欣心，在此土的釋迦牟尼佛與彼土的阿彌陀佛善巧施設了折攝二門——折伏門與攝受門。釋迦牟尼佛為悲父，在這個五濁惡世示現成佛，以折伏的方法，用剛切之語告誡眾生，若造作殺盜淫妄酒五種惡行，就會得到現世五痛的華報，以及後世墮入地獄的五燒果報。為了究竟令我等眾生避免五惡、五痛、五燒的惡性循環，釋迦牟尼佛苦口婆心地發遣吾人前往西方極樂世界。而阿彌陀佛如慈母，在極樂國慈悲地攝受我等眾生安然成辦往生一事。而且，為了完成這樁令所有眾生成就往生的大事，兩土世尊也運用了種種的善巧方便，例如四悉檀的方法。首先順應眾生的根機好樂來攝受，比如淨土法門很難信，而眾生習慣於眼見為實，所以就讓眾生親眼目睹。《無量壽經》裏，兩土世尊配合得非常默契，阿彌陀佛、西方極樂世界顯現在虛空中，以阿難為代表的與會大眾在兩土世尊的加持下，親眼見到了極樂世界的依正莊嚴，身心踴躍，得歡喜益，這是「世界悉檀」。然後，聞信淨土法門，信願稱名，往生彼土，能得種種修道的法益，得生善益，這是「為人悉檀」。又，通過厭離娑婆，以慚愧心、懺悔心來執持名號，消除業障，得破惡益，這是「對治悉檀」。最後，以信願稱名，感通佛願力，臨命終時，隨佛往生淨土，華開見佛，悟證無生法忍，得入理益，這是「第一義悉檀」。我們所處的世界稱娑婆世界，意味深長。吾人當透過「娑婆」之名相，把握其名相下的法義。「娑婆」為堪忍之意。意謂此界眾生貪瞋痴三毒煩惱非常厚重，所呈現的生存境界也極為痛苦，《無量壽經》指稱為「劇惡極苦」。然而，此界眾生卻還能忍得住。雖然這個地方很苦很污穢，但是待久了，就習以為常了，甚至以苦為樂了。是故，厭離心很難生起來。雖然佛在經典中不斷介紹極樂世界的依正莊嚴，窮微極妙、富麗輝煌，但是我們從未去過，就感覺很生疏，於是欣慕心也斷斷續續、時有時無。為此，我們要從四方面來把厭欣的願力建立並堅固起來。一、以彌陀大願作為吾人立願的依據；二、從八苦的覺受中啟動厭離心；三、從厭離身體處下手；四、念佛人不得懼怕死亡。茲分述如下：

一、以彌陀大願作為吾人立願的依據

我們發願所依據的準繩就是阿彌陀佛的大願，所以要瞭解阿彌陀佛大願的宗旨和趣向。這是非常高遠的一樁大事，如果沒有釋迦牟尼佛親自宣說，九法界眾生不得而知。在《無量壽經》中，釋迦牟尼佛向與會大眾稱性宣說極樂世界阿彌陀佛的大事因緣。

釋尊首先追溯有五十三尊古佛在此世界次第示現，第五十四尊佛即世自在王如來，這尊佛所示現的刹土和時劫非我們所能想像，那個世界的眾生壽命有四十二劫。當時，有一位大國王，那四十二劫所示現的大國王，肯定是轉輪聖王了，他前去供佛，聞佛說法，大徹大悟，心開意解，頓然發起阿耨多羅三藐三菩提心。他發心之後，國王就不做了，「棄國捐王，行作沙門，號曰法藏」作法藏比丘了。他能成為大國王，也是說明他多生多劫以來是修了大福報的，或者也許是由本垂跡所示現的一位聖人，所以他一出家，成為世自在王如來座下的第一弟子，其慈悲、定慧、明記、意志力都是第一。法藏比丘一出家，發心就很廣大，要建立一個超勝十方諸佛的刹土，來

■〔西魏〕《無量壽佛說法圖》莫高285窟

安立九法界眾生快速成佛。他發了這個大願後，希望得到親教師世自在王如來的開示。世自在王如來先用通途佛法指點，對於莊嚴淨土，讓他從自性中去求，「汝自當知」。但是法藏比丘竟然說，此非目前我的境界，唯願佛宣說十方諸佛成就淨土的行門，我要在佛的果覺層面瞭解建立淨土的方法、奧祕和捷徑。所以這就稱為「自開他力果教門」。故蓮宗從果起修的特質是從法藏比丘開始的。

《無量壽經》下卷中有一段很長的偈子，述說極樂世界是法界之都，他方剎土無量無邊的菩薩紛紛前往極樂世界，禮拜、供養阿彌陀佛，聞佛說法、授記。他方世界諸多的菩薩到達極樂世界之後，看到極樂淨土如此的妙麗莊嚴，驚歎之餘，也引發他方菩薩們的菩提大願——也要建立像極樂世界一樣的淨土饒益眾生。諸菩薩向阿彌陀佛請教，如何才能成就這樣的淨土？阿彌陀佛便向這些菩薩宣說了三個偈子，開示了建立淨土的原理，實際上也是阿彌陀佛因地建構極樂淨土的經驗之談。其中一個偈子是：

覺了一切法，猶如夢幻響。

滿足諸妙願，必成如是剎。

建立淨土，最重要的原理是證悟一切法的空性。一切法如夢、如幻化、如谷響，了知諸法的空性，即契入了諸法的實相。但又不能住於實相，還要以大慈悲心發起大願。大願從實相裏生起，就不是世間人的願，而是有着不可思議出世間的特點。大願生起之後，還要付諸行動，圓滿所發的妙願，那麼最終必定能成就像極樂淨土這樣的剎土。由此建構淨土的原理，依次有三要素：第一是空性，第二是妙願，第三是剎土。

天親菩薩在《往生論》中概述極樂世界的體性功德時，有一個偈子：「正道大慈悲，出世善根生。」極樂世界的體性是正道，即無上正等正覺，亦即諸法實相，由此自然生起無緣大慈、同體大悲。這樣的同體大慈悲心是出世間法的範圍。世間人最多是眾生緣慈，對與自己有關係的子孫後代，他有「愛」，但對陌生人就沒有了。而佛對一切眾生都有大慈大悲，極樂世界就是從出世間的善根所生起的。極樂世界之所以能安樂一切眾生，是由大慈悲的出世善根所致。

而且，覺了一切法的空性，證得無生法忍，就非三賢位的菩薩，而是聖種性的地上菩薩。當阿彌陀佛因地稱性發願的時候，已是初地乃至八地以上菩薩的身份了。是故這個大願就不是心意識裏造作出來的，乃是從真如實相法爾自然生起的，因此就有其真實性。這個大願經過法藏菩薩五劫的思惟。他首先考察他方世界二十一俱胝剎土所有的莊嚴、精華，把諸佛淨土的美好凝聚在一起，把他方世界穢土的殘缺全部都剔除。起初是世自在王佛向他介紹他方世界的情景，時間經過了一千億歲之久。世自在王佛一邊講述，一邊還介紹了他方世界剎土建立的原理，例如有的剎土地面是黃金，而有的剎土地平如掌或者光明透亮，都有菩薩因地的功德在裏面。爾後，法藏菩薩自得天眼，對他方剎土一一地思惟、考察、取捨。

世自在王佛的名號，寓意深刻，表達涅槃三德的法義。「世」表達他不離世間但不被世間法所染的特點，為般若德；「自在」為解脫德；「王」為法身德。世自在王佛所代表的涅槃三德，亦與十方諸佛所證涅槃三德平等不二，是故阿彌陀佛稱性所發的大願，即有十方一切諸佛自始至終的加持力在裏面。正是由於因地中十方諸佛都在加持，所以果地上自然要出廣長舌相來稱揚讚歎阿彌陀佛的功德。為甚麼十方諸佛會加持？因為阿彌陀佛所發大願的核心是大慈悲心，其目標是欲令九法界眾生快速地離開二種生死苦海，圓成本具的佛性。此乃十方諸佛共同的心願，由阿彌陀佛作代表來彰顯和實施。主伴圓融，隱顯互成。

再看四十八大願。我們已經習慣稱作四十八大願，然從《無量壽經》五種原譯本來看，漢吳兩譯本只有二十四願，宋譯本只有三十六願，唯有魏譯本和唐譯本是四十八願。可見也不必拘泥於具體的數字。因為法藏菩薩五大劫的思惟是面對十方九法界眾生來構想的，而九法界眾生的根機、好樂、特點各有不同，無數無量，是故阿彌陀佛所發之願亦應無量，才可稱為「大願之海」。釋尊只是隨應娑婆世界南閻浮提眾生的度化需要，從中拈出了四十八大願加以陳述介紹而已，實則阿彌陀佛面對十方一切眾生的願海，是廣闊無邊際的。

四十八大願是大慈悲心的結晶，「慈」就是給予一切眾生得大涅槃的安樂，「悲」就是拔除一切眾生生死輪迴之痛苦。四十八大願從類別上分，莊嚴自己法身功德的攝法身願，只有三條；莊嚴淨土的攝淨土願，只有五條；其他四十條都

■〔五代〕《地藏十王》榆林 38 窟

是針對眾生而發的攝眾生願。所攝眾生包括極樂世界本土的眾生，也包括他方世界的眾生。他方世界的眾生中，既有他方世界的凡夫，又有他方世界的菩薩，可見，阿彌陀佛發願的對境充分體現出大平等的特質。

四十八大願當中，有些願是比較重要的。直接彰顯慈悲特質的有：第一願：國中無三惡道願。這一願就是悲心的結果。法藏菩薩考察了他方世界所有眾生的情形，發現他方世界，尤其像我們這樣的五濁惡世，充滿着畜生、餓鬼、地獄三惡道，眾生墮到三惡道，最為劇苦。所以法藏菩薩發願首先要解決一切眾生的苦難問題，不讓眾生再墮到三惡道，於是他所構建的淨土就沒有三惡道。

不僅如此，還有第二願：不復更生惡道願。往生到極樂世界之後，如果想到他方世界去作度化眾生的佛事，也不會再墮入三惡道。這樣就徹底遮止了三惡道的痛苦，給一切往生者最安穩的底線保護。第十一願：正定必至涅槃願。只要往生到西方極樂世界，就能得到大乘正定聚，即得到不退轉位，稱為阿鞞跋致菩薩。從阿鞞跋致位直趣大乘的佛果，中間不會有迂曲和退轉。瞭解這個願之後，吾人宜隨順此願，發出念佛往生成佛的願，因為阿彌陀佛此願的目的就是讓往生者直趣大乘的佛果，給予一切眾生大白牛車的究竟利益。

第十二願：光明遍照十方願。阿彌陀佛成佛之後，他的身光和心光遍照十方無量無邊的剎土。只要有眾生的地方，彌陀的光明就遍照過去。那我們如何去感知接納這種光明呀？只要我等眾生信願稱名，阿彌陀佛的光明就會呈現，加持念佛眾生，攝取不捨。

第十七願：諸佛稱名讚歎願。為了廣泛地普攝、接引一切眾生，阿彌陀佛要讓法界眾生都能聽聞到自己的名號。為了完成這樁不可思議的事情，他就發願要十方無量諸佛都來稱揚讚歎自己的名號功德。所以阿彌陀佛在法界當中知名度最高，這不是他要滿足自己的虛榮心，而完全是利益眾生的悲心所致。

第二十二願：菩薩一生補處願。他方世界的菩薩到了西方極樂世界之後，就能快速得到一生補處位。如果想到他方世界去作佛事，也能披上大弘誓鎧，不被他方世界尤其是五濁惡世的五欲六塵所染污。而且還能夠「現前修習普賢之德」，能夠「超出常倫諸地之行」，快速成就佛果。這說明淨土法門至極圓頓，具有超越性，不必經過通途法門修因證果的次第，不需要經歷十信、十住、十行、十迴向、十地、等覺，直至妙覺這樣逐一向上的過程。往生到極樂世界，在念不退中，即可頓然超越通途四十一個菩薩階位，快速到達一生補處位，速疾成佛。

這些願都在告訴我們，極樂世界不可思議，阿彌陀佛大慈悲願力不可思議。西方極樂世界如此殊勝，自然會引發我們的願往生心。那怎樣才能成辦往生之事呢？這是一個關鍵問題。在阿彌陀佛大願中就有三條願，專門述說往生極樂世界的方法，茲分述如下：

第十八願：十念皆生我國願

設我得佛，十方眾生，至心信樂，欲生我國，乃至十念，若不生者，不取正

覺。唯除五逆，誹謗正法。

阿彌陀佛因地作為菩薩發願：假如我成佛的時候，十方無量無邊的剎土無量無邊的眾生，如果能聞信我阿彌陀佛的名號，能生起「至心信樂，欲生我國」的心，具足如是深信切願，「乃至十念」念佛，如果不能往生的話，我就不成佛。但有一類眾生不在這一願的攝受之列，就是造作五逆重罪同時又誹謗正法的人。

這一願中，特別要注意「至心信樂，欲生我國」。念十聲阿彌陀佛，好像所有人都能念，但不是僅僅口唸十聲就能往生，必須要具足深信切願的心態，念十聲佛並不難，但是要具足信願的心態卻非易事。這心態就是「至心信樂，欲生」。

首先談至心，至心就是真誠心，不虛假的心。我等眾生在此世間，從早到晚，有幾念是真實心？大部分都是虛偽的心，諂曲的心，玩假招子，心口不一。而阿彌陀佛的大願和名號都是從真實心裏流現出來的，只有真實對真實，才能感通，如果虛假對真實，則是絕緣導體，與彌陀名號不相應。所以，想去極樂世界是要內心真的想去，而不只是口頭上說說而已。如果阿彌陀佛現前接引的時候，你還想到世間很多事情沒有做完，或者自己的孫子還沒有考上大學，還要向阿彌陀佛告幾年假，那說明你的至心就有問題。

這個「至」，既修飾「心」，也修飾「信」和「樂」。信是「至信」，是純一之信心，不夾雜一點的懷疑。樂是「至樂」，是從內心深處生起的大歡喜之心。好像窮人撿到了大金元寶那麼高興，自己一輩子的生計問題解決了，得未曾有！喜出望外！這種心態生起，然後才能發出「欲生」的希求、渴望，對往生西方極樂世界一往情深，唯此一念，萬牛莫挽！

具備了這樣的心態，「乃至十念」，「乃至」是最低的限度。對這一願，並非只念十聲，「乃至」就是至少要念十聲，如果談至多，就是上不封頂，多多益善。那如果一天念十萬聲佛號，當然阿彌陀佛更高興了。古德一般都是每天或三萬、或五萬、或七萬，這樣來記數念佛的。吾人處於此節奏快的競爭時代，至少也得保持每日一萬的佛號。不要看到這一願，認為每天只要念十聲就夠了，其他時間就可以去消遣娛樂了。如果這樣，你的至心就有問題，你就在找藉口了。就好比很多居士，包括一些出家人，他抽煙。他說，佛的戒律當中沒有制定不抽煙。這不是找藉口嗎？

「若不生者，不取正覺」，阿彌陀佛因地發願，作為菩薩，他能否成就無上正等正覺，取決於十方眾生信願念佛乃至十聲能否往生這個前提。只有十方眾生信願念佛乃至十聲都能往生，他才能成佛，否則他就不能成佛。所以，這一願是把眾生能往生作為他成佛的先決條件。現在法藏菩薩已然成佛，也就決定了一切信願念佛乃至十聲的眾生都能往生。如果這個功能沒有，他就不能成佛。現在他已經成佛，那這個條件、這個功能一定存在。吾人當如是信受。法藏菩薩發了大願，又經過無央數劫積功累德的修行，由行填願，在大願滿足的當下，法藏菩薩自致成佛——自然而然地成為阿彌陀佛。實際從阿彌陀佛的立場來看，在他成佛的自證現量中，已然見證到十方一切眾生只要信願念佛，乃至十聲，悉皆往生。因為在佛的境界中，超越了過去、現在、未來三際。而在眾生的層面，我們仍有時間區隔，所以才建立「已願已生」「今願今生」「當願當生」的三際概念。然《華嚴經》中透顯一個消息，十方諸菩薩在成佛的當下，見證到一切眾生都成佛了，乃至悉入於涅槃。佛自證的境界中，一切眾生已然成佛；在菩薩的因地，念念當知有無量的菩薩成佛，可見阿彌陀佛此願亦具有三際一如的法界奧祕。這一願平等攝

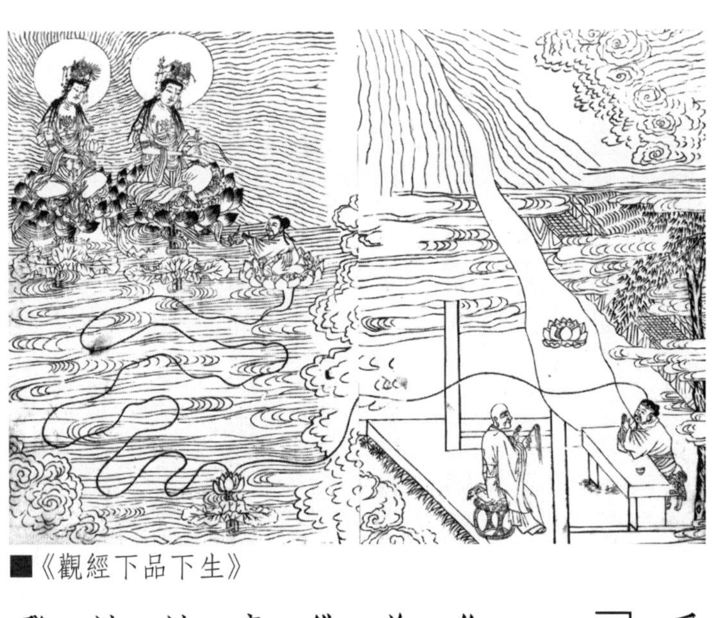

■《觀經下品下生》

受一切眾生，然有一類既犯了「五逆」的重罪，又「誹謗正法」，同時造作這二種重罪的眾生，則在這一願的攝受範圍之外。繼而加以分別，若有只是造作五逆重罪，沒有誹謗正法的眾生，臨命終時，蒙善知識開導，以大慚愧心念佛，乃至十聲，阿彌陀佛也能接引他去極樂世界，這是《觀經・下品下生章》給我們傳達的消息。然有一類未造五逆只是誹謗正法的眾生，不得往生淨土，乃是因為他既然誹謗正法，自然對極樂淨土的存在沒有信心，更不會發往生的願，不具備信願，當然就與阿彌陀佛的大願難以感通。感通不了阿彌陀佛願力的攝受，就只能隨自己的惡業牽引墮入阿鼻地獄了。

對這一願，善導大師作了更慈悲深入的詮釋。他認為「唯除五逆，誹謗正法」是從抑止門——抑止預防的角度來說。佛是唯恐眾生造這二種重罪，所以方便地說如果造了就不得往生，但並不是阿彌陀佛不攝受。因為這二種罪實在太重了，一個人犯五逆重罪，說明他在福德的層面徹底崩潰了；誹謗正法，說明他在智慧的層面徹底陷落了。這二種重罪疊加，就是極重惡業。但如果這二種罪同時犯了，到臨命終時他忽然一念改悔，念佛求往生，這時候阿彌陀佛會不會接引他呢？那肯定也會接引的，只不過是這種比例太小了。所以從慈悲攝受門來說，阿彌陀佛仍然不捨這一類眾生。

大家經常談第十八願，並將此願視為四十八大願的核心，由此有人認為往生很容易，實際上仔細分析起來，往生一事還是很不容易的。念十聲佛不難，然而「至心信樂，欲生我國」這八個字，凡夫不容易做到。否則，釋尊怎又有「易往而無人」的浩歎呢？

第十九願：勤修我皆接引願

設我得佛，十方眾生，發菩提心，修諸功德，至心發願，欲生我國，臨壽終時，假令不與大眾圍繞現其人前者，不取正覺。

這一願比較重視發菩提心。上成佛道，下化眾生是菩提心的主要因素，菩提心既有無我的空慧，又有同體大慈悲心，也有般若智慧、善巧方便，其內涵非常深廣。《華嚴經》說，一個菩薩能在生死苦海中發出一念的菩提心，這初發心的功德，諸佛窮劫讚歎都讚歎不盡。當然，這裏指的是真心所發的菩提心，不只是口頭上說說而已。既然發了菩提心，以成佛和度眾生為目標，就要廣修菩薩的六度萬行。在這個過程中，尤其能夠智慧地抉擇念佛往生淨土一法，至為勝妙。然後將所修諸功德迴向，以至誠心發願欲生西方淨土。這就是圓修迴向的特點，也含攝宗門教下的一些祖師大德，都在這個範圍。雖然發了菩提心，修了諸多的功德，但是他未必能夠破無明，所以在臨命終時，還需要阿彌陀佛給予及時的救度。臨命終時是第六意識失去知覺，第八識中，今生乃至多生多劫的業力種子翻湧的時刻，此時最難做主。初發心菩薩，自然會滑入中陰身階段，受業力牽引。即便開悟的禪師，於此時亦「十人九蹉路」（輪迴三界去）。阿彌陀佛在他自證的三昧當中，見證到這些情況，所以就發願在這些修行人臨命終時，帶着觀世音菩薩和大勢至菩薩等西方聖眾前來接引。這種接引非常周到，阿彌陀佛和菩薩聖眾會圍繞此念佛人的周邊，顯現在念佛人面前讓他看到，進而阿彌陀佛從眉間或者從手掌中放出光明，注照在行人的頭頂上，攝受他的神識到蓮台上。當神識一到蓮台上，蓮華自然閉合，彈指頃、須臾間，此念佛人就隨佛往生到了西方極樂世界。所以這一願還特別是注重接引的主題——臨終接引。

我們蓮宗講臨終關懷，就從這一願裏面引申而來的。臨終關懷，大家念佛，他自己也跟着念，那就是感得阿彌陀佛現前接引。這是一切念佛人修行的生命當中非常重要的一件大事，是臨命終時最困難的時刻，阿彌陀佛給予了最大的、最安然的、最周全的救度。所以阿彌陀佛又稱為接引佛，接引佛就是他的悲心的一種表達。

我們東林大佛建的就是接引佛的形相：眼睛是睜大了的，他在注視着眾生；右手伸得很長，在生死深淵，垂着金色的手臂來接引；接引到甚麼地方？左手拿着蓮台，蓮台就是安立這個眾生法身慧命的神妙的宮殿。

原來一三年，我們在裝藏法會那個正面的枱子上寫了幾個字：「回來吧，孩子！」很多人看了都掉眼淚。阿彌陀佛接引像十劫以來都在呼喚着我們這些人，流浪在三界的浪子，回家！回來吧，孩子！但我們捨父逃逸，跑得越來越遠。所以，深知佛在頭頭地接引，我們這一世就得要把手臂伸出來，接住阿彌陀佛的那個接引的手臂。所以接引的形相，十劫以來，從阿彌陀佛成佛以來，都在我們面前，就好像這輪月亮就在空中一樣，但我們看不到、聽不到。就好像這輪月亮，地上沒有水，這輪月亮顯出不了月影。所以我們現在要開池待月，我們信願稱名就如同開了一個水池，水池開出來，月亮就在那裏。

第二十願：繫念必得往生願

設我得佛，十方眾生，聞我名號，繫念我國，植眾德本，至心迴向，欲生我國，不果遂者，不取正覺。

攝生三願都是圍繞着信願行，從不同的角度，或者根據不同眾生的類別加以表述。第十八願主要談稱念佛名，第十九願主要談發菩提心，修諸功德，迴向往生，阿彌陀佛於其臨終來接引。臨終接引願普攝所有念佛行人，十八願或者二十願並非沒有佛接引，都有佛接引。雖然只在一處表達，但其實也涵蓋了其他的願目。

第二十願直接談繫念問題，「聞我名號」，聞到我阿彌陀佛的至德名號，就「繫念我國」。繫念，就是以極樂世界的依正莊嚴作為自己的所緣之境，念茲在茲，這個念佛人就與阿彌陀佛產生了母子的關聯，與極樂世界產生了遊子與故鄉的關聯——彼岸才真正是我心靈的歸宿，故鄉風月。三界內的一切都與我沒有關係。

■〔盛唐〕《寶池蓮花台阿彌陀佛說法》莫高205窟

在繫念的當下，也隨分隨力地做一些世間和出世間的善法，這就是「植眾德本」，包括淨業三福、十大願王等等。雖然植眾德本，但還是要把往生淨土作為頭等大事。如果植眾德本，卻不去迴向，便會自然感得人天福報或者中止二乘的化城，所以要「至心迴向」，把所有修行的功德迴向往生西方極樂世界，這個願望一定能夠成就。若此願不能成就，法藏菩薩就「不取正覺」。

從攝生三願來看，說明十方世界一切眾生只要信願念佛，絕對往生有分。可見，往生與否不是在於修行的功夫，而是這三條攝生之願保任一切信願念佛的眾生都能往生。阿彌陀佛甚至已經把門檻放低到乃至念十聲，而且沒有追加任何的條件，或者需要持戒多少，需要禪定功夫達到甚麼水平，需要讀誦多少大乘經典，需要做多少的護持三寶的福德，一概都沒有談。勤修戒定慧三學、六度萬行、護持三寶都屬於植眾德本的範圍，能夠做當然好，但這些都不是決定我們能否往生的關鍵。能否往生的關鍵，還是在信願持名。植眾德本當然是功不唐捐的，在三輩九品中，往生的品位會得到提升，因為修行的功夫和福慧的功德能夠決定往生的品位。但就能否往生而言，是無條件地去往生的，只要信願稱名。這就是淨土法門的奇特之處，不可以簡單地以通途佛法加以考量。

信解阿彌陀佛大願的基本宗旨和義趣之後，吾人就要以阿彌陀佛的大願作為參照系來發願。阿彌陀佛的攝生三願告訴我們，建立淨土的目的，就是要將九法界眾生安立在無有眾苦、但受諸樂的清淨剎土之中，所以，我們就要隨應這樣的願來發往生極樂的願。念佛只求往生，而不求其他任何的目標，這是淨業行人首先要把穩的立足點。歷代蓮宗祖師對此也多有開示。這是隨順彌陀的願力——只求往生，不求開悟，不求神通，不求人天福報，不求在這個世間有所作為，不求在這個世間生生世世行菩薩道等等。

那麼我們求往生的目的是甚麼？第十一願「正定必至涅槃願」告訴我們，我們往生的目的就是要成佛。那成佛的目的又是甚麼呢？是要像阿彌陀佛一樣以無緣大慈、同體大悲的心去莊嚴淨土，饒益有情。具備了阿彌陀佛的這種大慈悲心，就會將十方九法界眾生視作同體，當九法界眾生還在二種生死苦海當中不能解脫的時候，自然就會去救度。是這麼一個生佛天性相關的關係。所以《無量壽經》中講，阿彌陀佛的願就是首先讓十方眾生都往生到他的極樂世界；到了極樂世界之後，就令這些往生者成佛；這些往生者成佛之後，再讓他們到他方世界去教化眾生；被教化的眾生又往生到極樂世界來成佛；成佛以後，又到他方世界去教化眾生，令他們也往生成佛。這樣輾轉相教，輾轉往生，輾轉成佛，輾轉勸化，直到將十方所有眾生度盡而後已。

二、從八苦的覺受中激活厭離心

如果說信解阿彌陀佛的大願宗旨有助引發欣慕之心的話，那麼觀照八苦交煎的生存現狀，則有助於吾人激活厭離心。這對我們來說，有切膚之痛，只不過是我們太麻木了。佛經不斷地告訴我們，娑婆世界的痛苦無量無邊，我等眾生在長久的輪迴中，對苦難的覺受日漸麻木了。有鑒於此，釋迦佛宣說四聖諦法，首先就要談苦諦，要讓吾人明瞭自己生存境況的痛苦，由此覺動厭離心，生起修道解脫的道心。一個人能意識到自己的痛苦，說明還有點智慧。正如一個醉漢，尚能覺察到自己喝醉了，說明還沒有十分醉。就怕自己完全喝醉了，還說自己沒有醉。苦聖諦的說示，亦復如是。

無量痛苦大致可以概述為八苦：生苦、老苦、病苦、死苦、怨憎會苦、愛別離苦、求不得苦和五陰熾盛苦。八苦受制於因果法則，而且因果通三世，我們現生的生老病死乃至於求不得苦這七種苦，是過去世的惡因所致。第八種苦是五陰熾盛苦，五陰是指吾人的身心狀態色、受、想、行、識。「色」是吾人的身體，由地水火風四大假合組成的臭皮囊；「受想行識」是吾人的精神心理現象。「陰」是障蔽的意思，吾人的如來藏性被色受想行識障蔽住了，自性的慧日顯不出光明。五陰熾盛苦，就是我們現在世的舉心動念，以及由這個舉心動念所引發的各種動作、事業等有為法，都將成為我們未來世招致苦果的因。可見八苦是在闡釋三世因果的業力牽連相續，從無始劫以來直到現在，令我們不得解脫的生命真相。

■〔中唐〕《坐蓮花而生》榆林 25 窟

第八種五陰熾盛苦是一切痛苦的根本。因此修道就要從這裏下手，斬斷這個生死根本，使我們的六根接觸六塵境界的時候，不起無明煩惱。要知道，正是由於無明煩惱決定了我們的行為動作，令因果業力牽連。靠自己的力量斷掉它，非常之難，對境不動心，進而破無明，實在不是凡夫所能辦得到的。所以我們才需要專修淨業，求生淨土，仰靠阿彌陀佛的願力，帶業往生西方。往生西方之後，就能轉八苦為八樂。

這個世間有「生苦」，我們已經忘記了。投胎在母胎裏面，蜷縮在那裏面，就是胎獄，那很痛苦啊。出生時又要經歷倒懸之苦，皮膚皺皺的，第一聲就是痛哭，沒有哪個小孩笑眯眯地出來的，那從牢獄裏面出來啊！而極樂世界的誕生卻是蓮華化生，快樂自在，遠離生苦。

這個世間出生的都是生滅法，一切法悉皆無常，一個人從嬰兒、童年、少年、青年、中年到老年，必然會衰朽。而且，整個過程又伴隨着各種疾病，直至死亡。衰老、疾病、死亡是一切眾生都無法迴避的，也是令一切眾生極為痛苦的。每個人都希望自己青春永駐，但真相卻是人在每一分鐘、每一秒鐘都在衰老，都在走向墳墓。每個人都希望自己不要生病，永遠健康，社會上有句話講「有甚麼別有病，缺甚麼別缺錢」。但是疾病不可避免，一生病，就感覺人生很黯淡、很痛苦。

每個人都希望自己能夠永遠活在這個世間，不要死去，但死亡卻是決定的，人是一定會死的。

所以西方文化把死亡稱為「大收割者」，在死亡面前，富貴貧賤都是平等的，它一律收割。然有一個剎土卻沒有老、病、死的痛苦。在極樂世界不會衰老，因為往生者證到了恒常不變的法性。在極樂世界也不會遭受病苦，因為往生者不再是四大假合而成的血肉之軀，而是金剛那羅延的身體，不會生病。尤其是在極樂世界不會死亡，壽命無量，這是何等超勝的境界！

這個世界有「怨憎會苦」，冤家對頭天天見面，不想見的人天天見面，或者成為你的眷屬，同一屋頂生活，逃無可逃；或者成為鄰居，每天進出家門就要碰面，無法迴避；或者他就是你的同事，天天就在一個辦公室。「他人就是地獄」，就讓你受不了。

有人說：我怎麼這麼倒楣？冤家對頭天天見面。業力的因果，冤家對頭就要天天見面。不見面，債務關係了不了。如果你生在中國，你的冤家對頭在非洲，見不到面，那不行。一定要跟你有親密的關係，或者作為夫妻、作為子女、作為同事、作為上下級、作為鄰居，乃至你遭遇到的猛獸、毒蛇及非人等。因為你多生多劫欠了他人的命債、錢債或感情債，你得要還。所以碰到冤家對頭，種種苦惱，一定要作還債想。而極樂世界沒有冤家對頭，都是諸上善人俱會一處，都是同參道友，彼此之間都是慈心相向。即便宿世曾是怨家，若都往生到極樂世界，以往的宿債一筆勾銷，悉是蓮池海會的菩薩，歡喜同住。

「愛別離苦」，這個世間親愛的人常常分離，非常痛心疾首。而極樂世界沒有親情，都是道誼，那個世界沒有夫妻的關係，沒有女人，離開這些情感上的煎熬。

這個世間有諸多的願望都無法得到滿足，「求不得苦」。而極樂世界念頭一動，一切資生用具自然現前，應有盡有。一切精神心性上的悟證，也能蒙佛威神，得以圓滿。是故，成就往生極樂淨土一願，就等於成就圓滿一切願，永遠不再有求不得苦。

這個世間還有「五陰熾盛苦」，無論是精神上還是心理上，每天都處在煩惱熾盛的狀態，就像猛火燃燒一樣。這種煎熬令眾生深感痛苦，內心不安寧，妄想紛飛，常為失眠所困擾，苦不堪言。而極樂世界往生者離開了身見我執，身心寂靜安樂，逍遙自在。

吾人既然觀照到每日經受八苦交煎，就應當要從中啟動厭離娑婆懇切之願心。既然瞭解極樂淨土種種安樂，自應昇華欣慕願往生心。如是才不虛度這一期難得的人生。

三、從厭離身體處下手

厭離娑婆，亦是一大節目。娑婆苦境甚多，有來自依報器世界的逼惱，如生態失衡、風雨不時、環境污染、食品安全等；有來自正報有情眾生身心的困擾，如四大失調、周身污穢、精神煩躁、抑鬱失常等。那吾人的厭離，該從何處下手呢？從五濁的總相下手，似乎又缺乏深廣的智慧觀照力，無從把握。於此，可從別相微觀處，即吾人業報身的厭離下手，而病苦正是一個較貼切的契入點。

（一）維摩示疾的啟示

關於病苦，維摩詰居士示疾就是一個很好的啟示。維摩詰乃是古佛再來，示現居士身，以種種善巧方便，作度化眾生的佛事。《維摩詰經》的發起就是他示現生病。示現生病本身就很有教化作用，能讓大眾感覺到，維摩詰這樣的大修行人都會生病，更何況那些不修行的、煩惱具足的人。而且他一生病，國王、大臣、長者、居士、婆羅門等以及諸王子官屬都前往去探疾。這就是方便，如果在平時，他們無事緣未必會去，一示現生病，他們都去慰問了。維摩詰居士就以身體生病為契機，對這些前往去探望的人廣為說法，令眾生破除身見我執。

須知，身見我執乃與生俱來，吾人無始劫來，貪戀五欲，用盡心機，為子孫圖財謀業，造諸惡業，皆為有身見我執故。而破身見我執，斷見思惑，方能出離三界輪迴。我等眾生一直執着身體的真實性，不知道這個身體的種種過患，八苦是眾生的良藥。當生病的時候，我們才會停下腳步來反省一下自己的行為，看看其中的因果關係，看看我們甚為保重的身體的本質究竟是甚麼。如果不是因為生病，吾人整個生命都奔逸到外面的五欲六塵去了，何曾有一念的迴光觀照呢。

維摩詰居士告訴探病者：「諸仁者，是身無常。」這個身體是無常的，終究會敗壞。並且，這個身體無強、無力、不堅固，是速朽之法——快速地會腐朽，最終一定會死亡。所以這個身體不可信，不要指望它能永遠堅固，永遠長壽。要認知身體的苦惱，是所有疾病所集之處，是一切有智慧的人所唾棄的。這個身體就像聚沫，虛有其表，不可撮摩。這個身體就像陽焰，是從貪欲、渴愛中生起的。這個身體如幻化，是從我們的顛倒想生起來的。這個身體就像夢，是虛妄之見。這個身體如影，是業緣所現的假相。這個身體就像浮雲，須臾就會幻滅。這個身體不真實，以地水火風四大為家。這個身體極不清淨，為三十六種穢惡所充滿。這個身體如丘井，為老所逼。「丘井」就是丘墟枯井。關於丘井，有這麼一個公案。有一個人因為得罪國王而逃跑，

■〔晚唐〕《維摩詰》莫高9窟

國王就派醉象去追殺他。為了逃命，他情急之下跳入一口枯井。井壁的中間正好有棵枯藤，他就順勢抓住了它。但是，他又發現井下有一條毒龍，正張開口等着他掉下來。

此時，上有醉象，下有毒龍，他抓的藤又不堅固，尤其危險的是，他還發現有一白一黑二隻老鼠正在咬那棵枯藤的根，所以處境是險象環生，命若懸絲。但但井上面還有一棵樹，樹上的蜜蜂窩不時有蜂蜜滴落到他口中，他吃着蜂蜜，覺得很甜，在他品嘗蜂蜜的時候，竟然把自己所面臨的種種危險全都忘了，專注於享用蜂蜜了。

這個公案用的是比喻的手法，丘井就好比生死；醉象喻為無常的追逐；井下的毒龍代表惡道，說明死後就要墮到三惡道裏去；枯藤代表命根，暫時的生命維繫非常之短暫；白黑老鼠代表白天和黑夜，牠們在啃咬着本來就非常危脆的枯藤根，一旦咬斷，井中的人就會落入毒龍之口。而那點滴落到口中的蜂蜜，則代表着五欲的享受。娑婆世界的眾生雖然危在旦夕，但只要得到一點點五欲的享受，就很滿足，把一切苦患全都忘記了。

吾人的身體時刻受到衰老和死亡的逼迫，這個身體如毒蛇，由四大地水火風和合而成，猶如一個篋子裝了四條毒蛇，無論怎樣細心伺候，蛇都會冷不防咬你一口。咬一口，就是一百零一種病，四大失調全都發起來，便是四百零四種病。

這個身體如怨賊，五陰就像怨賊。身體如空聚，六根就像空曠之地。可見身體是各種因緣之假合，是痛苦之根本。維摩詰居士告訴大家，這個身體是大患，應當厭惡，應當好樂佛身。佛身就是法身，是一切功德聚集之身，是如來之身。那麼，要想得到佛身，要斷一切眾生的疾病，就要發阿耨多羅三藐三菩提心。維摩詰居士如是說法，就令無數聽法的人都發起了阿耨多羅三藐三菩提心。

（二）得了癌症怎麼辦

現在生病的眾生越來越多，醫院裏都是人滿為患。新建了很多醫院，但趕不上生病住院人數的激增，連走道裏都擺滿了病牀。大家也都在感嘆，病人怎麼這麼多！有個老醫生說，七十年代的時候，病人沒有這麼多，醫院也非常安靜。然現在的醫院常常很嘈雜，到處排長隊，大家拿着病歷穿梭於不同的科室，時不時聽到大聲吆喝，整個像一農貿市場。在那樣混雜的環境中，健康人都有可能折騰得生病。

據有關機構調查，現在中國的癌症及一些慢性病都呈現井噴式的增長，每年有近三百萬的癌症病人死亡，每分鐘就會確診七個人得癌症。然而在七十年代的中國，卻很少有罹患癌症者。八十年代初，美國有一位調查中國飲食和疾病情況的教授，曾經非常讚歎中國的癌症病人能這麼少。那是由於那時的中國人的飲食以穀物素食為主，現在生活水平提高了，食肉受國人追捧，於是癌症、心血管疾病、肥胖症等罹患慢性病的人數呈井噴式爆發。現代社會嚴重的環境污染問題、食品安全問題、生存壓力問題、心理浮躁問題、信仰缺失問題……種種因素疊加起來，就使很多人患上疾病，而癌症的發病率居高。

我們在接待一些居士包括一些社會人士時，他們經常問：得了癌症怎麼辦？他們非常恐懼，非常不安。那得了癌症，到底怎麼辦？世間人如果沒有經過相應的心性訓練，就會很貪戀這個生命，一旦得了癌症，感覺就像天塌了一樣，非常恐懼。有很多人其實不是死於癌症本身，而是死於對癌症的恐懼。一檢查出癌症，就像無頭的蒼蠅，到處求醫問藥，急於求治，導致過度治療，不斷開刀、化療。實則若不開刀、不化療，或許還能多活幾年，越是盲目地去做這些，效果可能越適得其反。還有些人害怕得病，於是頻繁地檢查身體，一查就是幾百個項目，本來活得好好的，一些疾病是可以悄悄自癒的，而一經檢查出來，又一驚一乍，就這樣過度檢查，過度治療，生活在恐懼不安之中。

不僅社會人士對癌症如此恐懼，有一些念佛行人面對癌症的時候也慌了神，也生恐懼。得了癌症，第一個念頭趕緊是求醫問藥，就把阿彌陀佛大醫王放在了一邊。上次有一個出家人，四十多歲得了癌症，天塌了一樣，忙着如何準備手術、化療等等。我都很不客氣地呵斥他：你都是出家人，像世間人一樣，你不覺得慚愧嗎？還這麼怕死！被這個臭皮囊所困，佛法的智慧觀照一點也提不起來，可不哀哉！

吾人厭離娑婆從哪裏開始？從厭離自己的身體開始。這個身體有疾病、有死亡是必然的，問題是我們如何來對待？尤其是修學大乘佛法淨土法門的人，如果沒有樹立對待疾病和死亡的正確心態，那就白學了。維摩詰居士示疾啟示我們，生了病，就要厭惡這個身體，藉此發起得如來身的勝心。如何才能得如來身呢？信願念佛，到西方極樂世界去！從蓮華中化生出來，就是金剛那羅延身，永遠不會生病。通過生病，當下要有這種覺悟。如果能這樣，生病正是令吾人覺悟的好因緣。如果我們不生病，身體滋補得很強壯，又沒有出世間的道心，那一天到晚想的都是飲食男女的事情。如果世間眾生沒有八苦的警寤，那就永遠都在五欲六塵當中醉生夢死。所以八苦是三世一切諸佛修道成佛的增上緣，三世諸佛以八苦為師，圓成無上道果。是故吾人經由病苦的逼惱，要覺悟，要昇華。而不是沉湎於得病的懊喪、恐懼當中，一心只想着怎麼去找醫生治病，怎麼能活得久一點，甚至想到要多吃雞魚肉蛋添補營養。殊不知，癌症病人不能吃這些動物性的高營養食物，要知道吃肉正是致癌的一個重要因素。得了癌症，若還要繼續吃肉，還要補，死得更快。患了癌症就應該多吃素，最好吃全素啊！

現在眾生都很顛倒，覺得自己得了癌症，身體肯定很虛弱，所以要多補。不曾想越補反而死得越快。因為癌細胞已經控制住了這個身體，補的一切營養實際上都給癌細胞了。相反，這時候就不該給癌細胞得滋養，宜少食、素食，最好結合斷食療法，以阻斷滋養癌細胞的管道，這樣癌細胞就慢慢勢頭不猛了。同時，要有陽光、樂觀的心態。觀照自己之所以會得癌症，一則是自己的人生價值觀與生活方式出了偏差，二則是有多生多劫的殺業，所以，要回歸中醫養生，自然簡單，與天地合其德的生活方式。同時，要放生，要吃素，以慈悲心做公益事業，由此逐步調動自己生命中內在的大藥，啟動自癒力。我們有這種增援的潛質，癌細胞只是肆虐於一時，故要心平氣和，耐心等待健康力量的逐漸加強，這樣癌細胞最終就會被控制住，以至於消失。

要知道癌症並不可怕，可以將它看成是慢性病，跟它和諧共處，憐愍它，而不是動輒就用二分法——要戰勝癌症！癌症能被戰勝嗎？美國由於很富裕，曾經有一段時間癌症患病率很高，一九七一年尼克森當政的時候，他就發出雄心壯志，要向癌症開戰，要戰勝癌症。據說美國政府先後投入幾千億資金，專門用於攻克癌症。但是四十多年過去了，美國的癌症治療機構以及各類醫院只能承認，這是一場打不贏的戰爭。

人類怎麼可能戰勝癌症？要戰勝它，首先要消除自己的業力。癌症即是人類生命的有機組成部分。西方的二分法，這種思維，就不如中醫的學說。

在對待癌症的預防與治療上，淨土文化有最超勝的方法。通過念佛，或治癒癌症，或減輕病痛的例子甚多。大家如欲知這方面的資訊，有東林祖庭編輯的《當代念佛感應集》，可供查閱。

■ 天台三祖智者大師

昔天台智者大師亦開示：欲決定生西方者，應常觀此身，膿血屎尿，一切惡露，不淨臭穢，唯苦無樂，深生厭離。發願願我永離三界耽荒五欲男女等身，願得淨土法性生身。此謂厭離行。（《淨土十疑論》）證知，從厭離自己的業報身入手，能成辦往生淨業。

四、念佛人不得懼怕死亡

（一）生死是幻相，自性常不滅

與對待疾病相關的是，淨業行人該如何對待死亡？眾生對疾病的害怕，實質上是來自於對死亡的恐懼，茲因欲界一切眾生皆以淫欲而正性命。是故愛欲為因，愛命為果。眾生愛命，還依欲本。故一切眾生都貪生怕死。蜎飛蠕動之物本能地貪生怕死，尚可理解。但人作為萬物之靈，還停留在本能的層次，那與禽獸又有何差別呢？智慧又體現在哪裏呢？真正的智慧是對死亡的本質有深刻的觀照，何為生，何為死？佛法啟示，生死都是我們業力層面呈現的幻相，生死即涅槃，不生不滅自性常在。

吾人業報身由生滅法而來，有生就一定有死，然當下要體認有一個不死的，那個不死的，才是我們要關注的主人翁。信解了生命的真相，才能夠擺脫對死亡的恐懼，把這一期有限的業報身的終結——所謂的死，轉換成為法身慧命誕生的輝煌時刻。

對死亡的恐懼來自於吾人無始劫以來的身見我執，執着這個身體的真實性，希望這個身體多活幾年。甚至於，繁衍後代也是這種身見的延續。由於執着身體——「我」的真實性，就會去爭取更多「我所有」的東西，處心積慮地謀求如何升官發財，獲得更高的名望和更多的財物，並且希望永遠擁有這一切。而死亡對他來說，則意味着這一切的終斷，所以他就感到害怕。可見，這種對死亡的畏懼來自於身見與愛欲，對五欲眷戀心越重的人，對死亡越害怕，二者呈正比例相關。但對於已經勘透生死幻相的修道人而言，就會有視死如歸的淡定。

當年憨山大師在《徑山雜言》裏面談一個甚麼事呢？佛經告訴我們，一切法如幻，大家都曉得，但是在幻化的境界當中，不被它所轉，這種主宰的力量在甚麼地方？我們知道一切如幻，但是境界現前，還是害怕，還是恐懼。所以就要在心性上進行訓練。當我們直面死亡的時候，是否能夠遠離恐懼？這不是口頭上談的，這要有真實的功夫的。所以憨山大師就想起六祖慧能的一個公案，據《六祖壇經》記載，當時禪宗分為南宗、北宗，慧能祖師得到衣缽之後，在南方弘法，神秀大師則在北方領眾。二位大師都很了不起，彼此沒有愛憎之分，但他們的徒弟就不同了。神秀的徒弟很忌諱弘忍祖師傳衣缽給慧能這件事，天下人都知道，嚴重影響了自己師父的聲望，於是他們就買通了一個名叫張行昌的刺客來行刺慧能大師。六祖慧能是聖人，有他心通，預先知道了此事，他就把十兩黃金放在桌子上。到了晚上，刺客來到慧能祖師住的地方行刺，六祖非但不躲避，還把脖子伸了出去。刺客連砍了三刀，六祖毫髮無損。這時，慧能祖師說：「正劍不邪，邪劍不正，只負汝金，不負汝命。」六祖被砍三刀不死，而且還從容地說了這幾句話。刺客卻被嚇得昏倒在地，過了很久才甦醒。他醒來後求哀懺悔，發願出家。慧能祖師把十兩黃金送給了他，並告訴他說：「你趕緊離開，我的徒眾一旦知道此事，恐怕不會放過你。你以後可易形而來，我會攝受你。」刺客張行昌聽從慧能祖師的話，趕緊連夜逃跑了。後來他果真出家，而且具戒精進，還來到六祖慧能座下學法。

■ 憨山德清禪師

憨山大師也想仿效六祖慧能的定力，每天夜晚，他打開門修習觀想：假如有人來借我的頭，我就以歡喜心捨之。憨山大師這樣訓練了許久。剛開始想到有人提着刀來，自己要把頭捨出去，還有點不甘心，或者有點害怕。當他訓練了一段時間之後，覺得自己有定力了，如果有人提刀來取自己的頭，自己能夠很平靜地把頭布施給他。這就是訓練自己面對死亡，遠離恐懼。

忽然有一夜，真的境界現前了。巡夜的人報告說，有強盜進來了，而且來者不善，拿了凶器。憨山大師從容不迫地說：「第呼來。」寺中有人把那個強盜叫了進來。憨山大師點着蠟燭正襟危坐，毫無恐懼。那個強盜長得很高大，到了門口，看到一個和尚坐在屋裏，浩氣凜然，不可侵犯，而且沒有任何的防衛措施，他自己則嚇得匍匐在地，不敢進入。憨山大師說：「這裏也沒有甚麼，庫頭到庫房去取二百錢給他吧。」強盜拿了錢趕緊跑了。

如果憨山大師在心性上事先沒有經過面對死亡的訓練，可能碰到這個境界就會很害怕。一害怕，強盜便趁虛而入了。所以說，如何面對死亡，確實需要心性上的訓練。

日本有本書叫做《葉隱聞書》，在日本被稱為武士必讀的「論語」。《葉隱聞書》成書於一七一六年，作者是山本常朝，他生活的年代相當於中國清朝康熙年間。山本常朝原本是武士，以後出家專門參禪，這本書是他在寺院裏口述而成的。《葉隱聞書》開宗明義就說，「所謂武士道，就是看透死亡」，一個武士要有常住於死的覺悟，甚至說武士道就是尋死之道。日本的武士為甚麼對櫻花格外看重，俳句也常常以櫻花作為主題？櫻花在開放得最燦爛輝煌的時候馬上凋謝，武士也把他們的一生視作短暫的璀璨，無怨無悔，像櫻花一樣隨風飄散。對於死亡，真正的武士是有心性上的訓練的。「葉隱」代表武士的一種生活方式，要隱蔽在樹葉的後面。這本書的第十一卷談到一個公案。德川家光將軍有一個劍道教官，叫柳生但馬守，他是一流的劍道大師。一天，有一個中下級武士來向但馬守拜師學劍道。但馬守有識人的眼力，一看他就說：「據我所見，先生已經是劍道老師了。請問，你學的是哪個流派？」「我沒有學過劍道。」這個武士答道。但馬守就說：「鄙人可是教官，眼力不會有錯的。」可那人還是說：「小人確實甚麼也不懂。」於是但馬守說：「既然你這麼講，也許就是這樣吧。但你一定是某種技藝的老師。」

因為日本還有插花、茶道等技藝，這些技藝修習到了一定境界，氣質也會不同。但馬守就猜測此人可能是修習某種技藝的老師。這個武士就說：「既然這樣，那我就告訴你吧，有一件事我是完全掌握了。我在年少時就生起一個念頭，作為武士在任何場合都不能怕死。雖然如此，但實際上面對死亡我還是會有恐懼，所以跟這個死的念頭纏繞了很多年。漸漸地，就達到了完全不恐懼死亡的程度。先生是否指這件事情？」但馬守一聽，拍案大叫：「完全是這樣！劍道的祕訣就是不怕死。先生已經到了這個境界，不需要再學習技巧了，你已經是優秀的劍道老師了。」

真正的武士需要對死有一種徹悟，所以他們要訓練，每天把自己置身在死的狀態當中。每天早晨起來，身心安靜，日本一些武士也是有參禪的，他在擦拭弓箭、洋槍、太刀鋒刃這些兵器的過程中，就觀想各種死亡的情形，或者被捲入大海，或者跳進大火，或者被雷電擊中，或者遭遇地震，或者從高崖墜落，或者病死，或者猝死等等。他們把自己置於必死的狀態中，反而心平靜下來了。在每天早上還沒有起牀時，就準備着死，這種訓練讓他產生一種力量。作為劍道師，有一句話：捨得了皮膚，就能得對手的骨頭；捨得了骨頭，就能得對方的骨髓；捨得了自己的骨髓，就能要得了對方的生命。你得要捨。所以，怕死的人就怕對到不怕死的人。不怕死，反而有生存的機會；越怕死，死得越快。如果也碰到不怕死的，那就是棋逢對手了。就將這種心性推到了極限。

實際上，當一個人面對死亡不恐懼的時候，向死而生，也就是中國兵法講的「置之死地而後生」。破釜沉舟，可能就以一當十了，甚或以一當百了，沒有退路了。一旦留有退路，就為怯弱開了缺口，勇力便出不來了。

一個武士對死亡都沒有恐懼，念佛行人還對死亡這麼恐懼，我們何能稱為淨業行人？何能對得起阿彌陀佛？我們完全是被自己的煩惱、身見我執所控制了，我們的厭離娑婆不及格啊。不及格，你就感通不了佛力。這是一樁大事啊！所以我們一定要以歡喜感恩的心迎接臨終的那一刻！

（二）以歡喜感恩心迎接臨終那一刻

我們淨業行人不僅對死亡不恐懼，不害怕，而且是歡喜的心、感恩的心。歡喜甚麼？這是一個牢獄，我出了牢獄了；這是個火宅，我到清池去了；我們在這裏痛苦的業報身，轉為金剛那羅延的如來身了。我的生命有一個本質上的昇華跳躍了。我們佔了大便宜了。歡喜都來不及，你還害怕甚麼呀？而且是感恩的心：能夠得到這麼一個巨大的轉換——轉凡成聖，這完全是阿彌陀佛的願力的大恩賜。

所以一個真正的念佛行人以歡喜心、感恩心來迎接他臨終最後的一口氣，他是面帶微笑走的。我們在助念的很多地方，不是像世間人，哦，死了人，在那裏呼天搶地地哭啊。真正往生的家庭，那充滿着辦喜事的這種氛圍，每個人歡喜啊，還能呼天搶地嗎？

二〇一七年七月十六日，東林寺監院德亮法師，於肝病無治之際，放棄一切治療，斷食求往生。經僧眾八十一小時的助念，佛光注照，於十九日十七點二十分含笑往生。荼毗燒出甚多舍利子，其中有四顆黃金舍利子。所以，我們平時就要修死想，要想像自己處在死亡的狀態當中，每一天都是我生命的最後一天。如何是真的修死想？當年佛住世時，提出這個問題，有個比丘回答說：「我的生命只有七年。」佛說：「你是放逸修死想。」有的比丘說七個月，有的比丘說七日，有的比丘說六、五、四、三、二、一日，來修死想，佛都予以否定。乃至有的比丘說生命就在一食頃，就是吃一頓飯的時間，佛還是否定。最後有個比丘說：「我於呼出去的氣，不望能吸進來；於吸進來的氣，不望能呼出去。」生命在呼吸之間。這時佛才讚歎：「真是修死想，為不放逸比丘！」可見，只有意識到生命就在呼吸之間，才是真實的修死亡之想，才能稱為生死心真切。

修死想非常重要，如果我們還認為自己壽命很長，身體很健康，就必然會對世間的五欲六塵產生種種的欲望。所以印祖要寫一個「死」字——「學道之人念念不忘此字，則道業自成」。徹悟大師也說：「沙門者，學死者也。」沙門修道人要學這個死字，要覺悟這個死字，要超越這個死字，要在生與死之間作一華麗的轉換。是故，淨業行人不僅不能怕死，而且一定要建立這樣的心態：死亡的那一刻，正是從人法界苦難的娑婆世界通往佛法界至為莊嚴極樂的彼岸輝煌稀有難逢的一刻。如是心態的形成，就說明從病苦和死苦當中昇華出了淨土的願力，其功德利益，讚莫能窮。

（三）減劫濁惡，催生淨土情懷

我們身處於五濁惡世，又逢減劫，福報越來越小，業障越來越重，智慧越來越淺，濁惡的情態亦會越來越加劇。諸如環境污染、霧霾、食品安全、道德危機、地震、瘟疫、家庭暴力、恐怖主義、衝突戰爭等種種危機無一不在警示着我們，這個世間就是火宅，這個世間不容一刻的停留，這個世間是每況愈下，一代不如一代，一年不如一年，因為它是減劫。減劫裏面有大三災——火災、水災、風災，次第地會遇到小三災——饑饉災、疾疫災、刀兵災，這些都是眾生的業力感召。我們也不要去做憤青，這個世間的所有的濁惡，我們都負有責任，我們是這個濁惡的製造者，我們對這個世間的痛苦就要承擔。於是在這裏來催生我們厭離娑婆、欣求極樂的淨土情懷，同時還要發出悲願：這些還在五濁惡世沉淪掙扎的眾生都與我們有緣，都與我們同體，待我們往生極樂之後，華開見佛，得佛加被，再來此土度化有緣眾生，俾令他們都能蒙佛攝受往生極樂世界。如是往相迴向與還相迴向，即可成就大悲心，與阿彌陀佛大悲願力相應，速滿自利利他之菩薩行。

■〔中唐〕《觀無量壽經變之大勢至》莫高窟 201 窟

第四講

淨業正行執持名號

繼介紹信門和願門之後，就要講行門。有了深信切願，就會導引、啟動念佛的行持，形而上的深信切願需要具體落實到真實的行持上。作為淨業行人，要成辦往生淨土這樁大事，正因就是「執持名號」。

所謂執持，「執」是執受的意思；「持」是任持的意思。於此六字洪名，由信力故，執受在心。由念力故，任持不忘。一般而言，執持有事持，有理持。事持就是具足信願，如子憶母地去念阿彌陀佛名號，一心專求往生，雖然念佛功夫尚淺，但一往情深，在事相上表達信願行。

理持是通過事相上的執持名號，能夠深切了達「是心作佛，是心是佛」，心外無佛，佛外無心，心佛一如不二的深義。

「執持」二字具有「南無」的含義——一心歸命，通身投靠。有了這種心態，才能真正做到執持。處此喧鬧世間，我等眾生悉皆妄想紛飛，如果沒有深信切願來莊嚴這句名號，心念就很難安住。此講分三個層次展開：一、名號具萬德；二、都攝六根，淨念相繼；三、念佛的勝妙功德。茲分述如下：

一、名號具萬德

「名」意指假名、名相，「召體為名」，意謂此名字能召喚彌陀法體萬德。世間法也有很多名相概念，每種事物都有一個概念或指稱，但名和實之間並不相符，名無得物之功，物無當名之實。比如說了蘋果的名，而蘋果之實未必能呈現，因為那只是假名，是方便交流的語言表達而已。但在宗教層面，有一些是名實相符的。諸如諸佛菩薩的名號、般若波羅蜜及陀羅尼章句等，其名相即法性，名即是法性實相的彰顯，故云名實不二。

每尊佛都有各自不同的名，或者以其自證的根本智來建立佛名；或者從其修學的德能來建立佛名；或者從善巧方便利益眾生的角度來建立佛名；或者隨眾生機緣來建立佛名；或者以法界的體性平等來建立佛名。所以每尊佛的名稱不同，這個名就是別稱——名別。

那麼何為「號」呢？「表德為號」，這個號就表示佛通具的十號，表達佛的功德：如來、應供、等正覺、明行足、善逝、世間解、無上士、調御丈夫、天人師、佛世尊。每尊佛的名號裏都具有這十號的功德。所以，談佛的名號就叫做「名別號通」，佛的十號是一切佛通有的功德，但佛名是依每尊佛的特殊因緣而建立的。

■〔初唐〕《韋提希聞法見西方淨土》莫高 431 窟

關於阿彌陀佛的名，蕅益大師曾說，阿彌陀佛名號的核心功德是無量光、無量壽，是「皆本眾生建立」，所依據的根本是一切眾生本具的無量光壽的性德，是在這個層面建立阿彌陀佛的名號。從這個意義上來說，阿彌陀佛名號是從一真法界的體用、大平等的心性這個核心來建立的。這不是簡單的因緣，而是無量因緣，是法界緣起的度化眾生的方便中第一方便。

這句名號的建立來自於阿彌陀佛的因地，他在五大劫的思惟過程當中，已經施設好了平等普度九法界眾生的方法。阿彌陀佛大願的核心是要建立一個超勝十方諸佛的淨土，接引九法界眾生往生彼國，快速成佛。這個淨土至極清淨莊嚴，窮微極妙，但是如何才能讓所有的眾生都能去呢？這可不是一件容易的事，因為所施設的方法一定要極為簡捷，但又不失深度，而且所得到的利益又極為殊勝。阿彌陀佛契證諸法實相，在大慈悲心的本懷中終於找到了一種究竟的方法，就是以名號度眾生。

法藏菩薩在宣說四十八大願之後，通過一個偈頌來概述四十八大願的核心：

我若成正覺，立名無量壽，
眾生聞此號，俱來我剎中。

這個偈頌是說，法藏菩薩向世自在王如來表達：我如果成就無上正等正覺，就要建立無量壽的名號來度眾生，十方世界無量無邊的眾生聞信我這句名號，都能往生到我的剎土。這是四十八大願的核心。

十方諸佛現出廣長舌稱揚讚歎阿彌陀佛的功德，也主要是稱歎他的名號功德，偈云：

其佛本願力，聞名欲往生，

皆悉到彼國，自致不退轉。

阿彌陀佛因地發的大願，果地上已經圓滿了，有力量了。本願力，修因證果全過程都在裏面的，如果只是說他發過這個願，但是這個願沒有完成，那是沒有力量的。

就好像我們這些業力凡夫天天也發願，好像發得也很大，但是要有自知之明，你有這個力量嗎？閉關的時候，有一個居士發願：我這次念佛，讓所有的冤家對頭都過來，我來度他們。結果過兩天，她受不了了，沒有這種力。阿彌陀佛因地有這個大願，而且大力出來了，這個大願、大力就體現在聞信阿彌陀佛名號，都能到西方極樂世界去，都能夠得不退轉位。還有比這個大願、大力更超勝的嗎？持名一法收攝的根機極為廣大，下手修行又極為容易，所以釋迦牟尼佛以大慈悲願心無問自說。一代時教，處處時時宣說。持名一法從修行上來說，可謂方便中的第一方便；從教義上來說，是直接從無量光壽的第一義諦來建立的，可謂了義中的無上了義；從理上來說，又是圓頓中最極圓頓，具足華嚴事事無礙的玄門奧藏。

阿彌陀佛的名號具足萬德，佛果地上的所有功德都在名號當中具足。名具萬德，名召萬德。這個「名」為假名，「召」是呼喚的意思，「德」是實德，實相的德能。這假名很重要，因為我們眾生，特別是人道的眾生，都是符號的生命體，一定要有假名，如果沒有假名，我們就沒有辦法交流。

正因為眾生都是符號的動物，阿彌陀佛為了方便度眾生，所以建立了這個假名。但這個假名當中安立了真實的德能，曇鸞大師講，這是「實相身」，實相身就是實相當中具足世間和出世間的一切善法和功德。同時，又是「為物身」，意謂救度眾生的身。阿彌陀佛為了拯救眾生，就把他無量劫積功累德的所有德能都凝聚在這句名號裏面。

從佛的功德而言，諸佛都證到了十力、四種無畏、十八不共法等佛果德。而從阿彌陀佛的角度來看，他是將其無量的德能——無量的智慧、無量的光明、無量的善巧、無量的神通、無量的慈悲、無量的辯才……都凝聚在這句名號當中。

阿彌陀佛的萬德通過這個假名傳達給眾生，眾生若以具足信願的心態去稱念，便能呼喚這個名號當中的實德。這樣，這個假名和實德之間就形成同質相聯的關係，阿彌陀佛全體的實德就成了這個假名，假名之外也無實德，就如同全體的水都成了波，波外無水。

我們怎麼才能把握阿彌陀佛的法、報、化三身的功德？怎麼才能把握阿彌陀佛十二光的功德？在現象界，抓住名號，就把握了佛所有的功德，這就叫方便中的第一方便。吾人與佛的境界、佛的功德相差懸遠，然後，透過名號的稱念，吾人與阿彌陀佛深層通道便打通了。元朝優曇法師念佛詩云：

聲聲念佛意何長，恰似嬌兒喚阿娘。

直得一聲相應處，天真母子喜非常。（《蓮華世界詩》）

《觀經》中講，無量壽佛有八萬四千相，一一相中各有八萬四千隨形好，一一好中復有八萬四千光明，一一光明遍照十方世界念佛眾生，攝取不捨。

阿彌陀佛無量的光明普照十方一切眾生，但是只能與念佛眾生產生關聯。何以故？茲因阿彌陀佛以光明作為大願的載體，故對信願念佛的眾生，如磁吸針，攝取不捨。這是阿彌陀佛因地施設的名號與光明的同源性。阿彌陀佛拯救眾生的願力光明就靠這句名號傳達給十方一切眾生。是故，釋尊以及十方諸佛都在讚歎執持名號的功德。歷代蓮宗祖師亦作如來使，代佛弘化，讚歎持名念佛為徑中之又徑。與通途的八萬四千法門相比，念佛法門屬於徑路修行。因為「餘門學道，萬里迢遙」，修行通途八萬四千法門必須要斷一分惑，證一分真，路途非常遙遠，過程極為艱辛。但是念阿彌陀佛名號往生淨土，古德一概稱為是徑路。念佛法門當中，又有觀想念佛、觀像念佛、實相念佛、持名念佛，以及修其他的萬行迴向往生。一般意義上的念佛法門與通途法門相比，已經是捷徑，但在四種念佛的方法當中，與觀想、觀像、實相念佛相比，持名念佛又是徑路當中的徑路，稱為徑中之又徑。

為甚麼持名是徑中之又徑呢？蓮池大師有一個比喻：「鶴沖鵬舉，驥騄龍飛，不疾不行，而速而至，徑中徑矣。」鶴能飛到普通鳥永遠飛不到的地方，通途修行就好比普通鳥飛翔距離，而念佛法門就像「鶴沖」，超勝普通鳥的速度。雖然如此，但「鶴沖」不如「鵬舉」。鵬，就是大鵬金翅鳥，《莊子》講，鯤鵬能夠扶搖而上九萬里，大鵬金翅鳥能到達的高度，鶴又不可企及。「鵬舉」比喻的就是持名念佛。

驥就是千里馬，普通的馬每天最多跑一百里，但千里馬有追風逐電之能，一天能跑一千里。在這裏，普通的馬比喻通途修行，千里馬代表念佛法門。千里馬雖然超過了普通的馬，但牠與神龍是無法相比的。神龍變化飛騰，見首不見尾，神龍就代表持名念佛。這樣來看，持名念佛是不可思議的，非通途法門所能比擬，亦非其他念佛方法所能及。

之所以把持名念佛比喻為鵬舉或龍飛，是因為持名念佛是依靠阿彌陀佛的功德，不需要快走就已經很有速度了；不需要步行就已經到達目的地了，所以稱為徑中之又徑，這就叫「不疾而速，不行而至」。這種不可思議實際上是來自於念佛法門感應道交的特質，吾人信願稱名為能感之機，應則是來自於這個具足萬德的名號。有能感之機，名號的功德就會予以加持，這就是名具萬德，名召萬德，全攝佛功德為自功德的妙理。

■〔盛唐〕《無量壽經變》莫高44窟

持名念佛又稱香光莊嚴，體現了佛的果地覺恩賜給因地的念佛行人的特點。香是五分法身之香，光是般若智慧之光。眾生業障深重，舉心動念無不是業，無不是罪，雖然性具法身之香和智慧之光，但在凡夫層面，卻無法透顯出來。而阿彌陀佛名號是五分法身功德和般若智慧光明的結晶，透過名號所具足的佛果地上的功德，可以開啟吾人自性本具的香光，從而全攝名號的香光為自己的香光。這就好比天天在有香氣的地方熏，熏的時間久了，自然身心也就染上了香氣。是故，依靠阿彌陀佛名號功德的轉化，讓我等業力凡夫也能具有名號內在的功德，這就是念佛法門最為殊勝的神妙轉換。

有個比喻「移花兼蝶至，買石得雲饒」，蝴蝶很漂亮，五彩斑斕，翩翩起舞。怎麼能讓蝴蝶過來？必須要有鮮花盛開，牠才會來。如果用花來比喻菩薩因地的萬行，那麼，我們業力凡夫現在還沒有這種功德，自然蝴蝶也不會來。不過，有一個善巧方便，雖然自己來不及栽種，但可以把花移植過來。信願稱名，全攝佛功德為自功德，把佛的功德轉換過來，等於把花移植過來了，花移過來了，蝴蝶也就來了。如果想要有雲，必須得有石山。自己沒有石頭，去買石頭堆成石山，這樣雲就來了，雨也隨之而來。這些都離不開阿彌陀佛果地上名號的萬德。

在經典當中，對念名號轉化功德，有種種比喻。《觀佛三昧海經》中，釋迦牟尼佛向他的父親淨飯王傳授念佛法門，其中談到念佛能夠改伊蘭林的臭氣為栴檀香。伊蘭是一種很臭的樹木，而牛頭栴檀則是很香的香木。有一個四十由旬的伊蘭林彌漫着惡臭，就像腐爛屍體的臭味。伊蘭樹上長着鮮豔的紅花，那花看上去很漂亮，也很燦爛，但如果食用這個花，就會精神癲狂而死。佛以此來比喻眾生的貪瞋痴三毒煩惱。欲改變伊蘭林的方法，就是在林中種植牛頭栴檀。但牛頭栴檀在地下還未出來的時候，大家並不知情，以為那座山都是伊蘭林之臭，沒有栴檀之香。直到時節因緣成熟，月滿的時候，牛頭栴檀就從地下長出來，成為栴檀樹。栴檀樹的香氣非常濃郁，能蓋過伊蘭臭惡之氣。所以佛告父王：「念佛之心，亦復如是。」念佛之心就意味着牛頭栴檀香出來了，如果沒有念佛心，那麼只有伊蘭林的臭氣。是心作佛，是心是佛，真實不虛。

《觀佛三昧海經》中還有一個比喻。有個窮人偷了國王的寶印，然後逃走，王子就派了六頭黑象去追趕。這個窮人情急之下爬上了一棵樹，黑象就用鼻子絞樹。最後窮人實在沒有辦法，急中生智，把王印吞進了肚子裏。最後，這棵樹被黑象絞倒，窮人從樹上掉了下來，身子都散架了，但那顆王印還在閃閃放光。佛以此來比喻「住念佛者，心印不壞」，就好像那個放光的王印，經久不壞。佛用種種的比喻來說這句名號的不可思議的功德。

天親菩薩也講，極樂世界三類二十九種莊嚴，與阿彌陀佛名號之間有着廣略相即的關係。極樂世界依正莊嚴，廣則彌綸法界，收則在一法句。這一法句就是清淨句，清淨句就是真實智慧無為法身，亦即南無阿彌陀佛名號。無量光是真實智慧，無量壽是無為法身。證知在四種念佛當中，執持名號最為殊勝，而且含攝着另外三種念佛的實質內涵：觀像念佛，阿彌陀佛三十二相、八十隨形好就在名號裏面；觀想念佛，西方極樂世界無盡的依正莊嚴也在名號裏面；實相念佛，名號即實相。「若人但念阿彌陀，是名無上深妙禪」，念佛即是念心，心佛不二。一心念佛就在修禪，若念佛至一心不亂，就已然是達摩直指之禪了。正所謂：此身已在含元殿，何必覓人問長安？自己已經在長安城核心的含元殿裏了，還需要去問別人長安在哪裏嗎？是故，吾人當深信解阿彌陀佛名號具萬德，深知名號內含着法界中不可思議的奧祕。如此奧祕，唯佛與佛方能究盡。吾人現生只可顓蒙念持，自然可暗合道妙，巧入無生。待到吾人往生極樂，華開見佛時，此阿彌陀佛名號之全體大用，將自然現量親見親證。

二、都攝六根，淨念相繼

那麼，如何持念這句名號功夫才能相應呢？方法就是「都攝六根，淨念相繼」。這是《楞嚴經》中大勢至菩薩向佛稟告自己證得圓通的方法。在二十五圓通中，大勢至菩薩所修的法門稱為見大圓通，又叫根大圓通。二十五圓通的排列

■《大勢至菩薩念佛圓通章—母子相憶圖》

順序是六塵、六根、六識和七大，其中七大依次是火、地、水、風、空、識、見。二十五圓通中，有二種法門被特選而放置到最後來介紹。其中，觀世音菩薩的耳根圓通應該排在六根的第二，但是被特別拈出來，放在了最後——第二十五。在

七大當中，大勢至菩薩的見大圓通應該是在彌勒菩薩的識大之前，但是並沒有這樣排列，而是把見大圓通挑出來，放在了第二十四。由於這二個法門是被特選的，所以沒有按一般的次序來排列。何為見大？見大是指阿賴耶識的見分，在《楞嚴經》中，又表述為「一精明」。因為眾生的六根本能地要逃逸到六塵裏去，這是六根的本質屬性所決定的。比如眼睛本能地要看顏色，耳朵要聽外面的聲音……六根一定要奔逸到六塵中去才會舒服。修行就不能再逃逸到外面去了，那叫捨父逃逸，就得旋轉過來，要以一精明見分把六根攝住，不讓六根跑到六塵裏去，而是專注持念這句名號。這句名號有清淨的無生的特點，像清水珠，像摩尼珠，能澄清濁水，佛號能令凡夫亂想心趨向正定的聖心。如果能夠念念相續，不夾雜、不間斷，就能獲得「得三摩地，斯為第一」的妙用。

都攝六根，具體怎麼操作呢？茲從三方面予以討論：（一）都攝六根的原理；（二）念佛當一門深入；（三）攝心念佛的方法。分述如下：

（二）都攝六根的原理

六根中，最難攝的有二根，即意根與耳根。耳根常欲聽外面的聲塵，意根容易胡思亂想，所以先把這二根攝住，其他四根就不攝自攝了。攝耳根的方法就是自念自聽，這就與耳根圓通聯繫在一起了。這二個特別法門的示現的菩薩都是極樂世界過來的，一定跟淨土法門有密切的關聯。觀世音菩薩的耳根圓通是反聞聞自性，從「入流亡所」下手修行，入本聞之法性之流，遺忘外面所緣的音聲之所。吾人無量劫以來耳根就喜歡聽外面的聲音，現在則是要旋轉倒聞機，反聞聞自性。不要聞外面的聲音，由於外面的聲音都是生滅法，誑惑自性，一定要旋轉過來，聞自己的能聞之性。這個能聞之性，就是吾人不生不滅的法性，具有着圓、通、常的特點。這個聞性可以聽十方，這個聞性是不間斷的，即便睡眠當中亦不間斷，聞性也不會隨着業報身的消失而消失。這才是宗門講的本來面目、本地風光。

稱念佛名能調動耳根功能，反念念自性，反聞聞自性，以大勢至菩薩都攝六根的方法，來修觀世音菩薩反聞聞自性的功夫。念佛的音聲由心裏生起來，從口裏發出來，再用耳根把這個聲音聽進去。念清楚，聽清楚，形成內迴圈，這樣才叫攝心念佛。所以，念佛的「念」字由「今」和「心」構成，意謂吾人當下的心安住在佛號上，才成就「念」字。若僅僅是口念(唸)，心不在佛號上，就叫散心念佛，功夫就難以上軌道。若又不具信願，那真可謂「喊破喉嚨也枉然」(憨山大師語)。佛號是本覺，念就是始覺，由始覺合本覺，最後達到究竟覺，才是念佛的究竟得益處。

(二)念佛當一門深入

在念佛這個過程當中，淨念相繼，不間斷。念佛法門一定要一門深入，這就是《無量壽經》講的「發菩提心，一向專念」。要一向，一個方向，從始至終，一個目標，一個法門，盡形壽這麼念，不能三心二意。要專，要精一，念佛法門最忌的就是夾雜、雜行。不僅善導大師這麼說，覺明妙行菩薩是從極樂世界過來的菩薩，他在《西方確指》中的開示也是同一鼻孔出氣。覺明妙行菩薩說，大凡修淨土人，最忌諱的是夾雜。甚麼是夾雜？即是又讀經，又持咒，又作種種法會，又好說些沒要緊的禪，又要談些吉凶禍福、見神見鬼的話。這些都屬於夾雜。既夾雜，則心不專一，心不專一，則見佛往生就難了，卻不是空費了一生的事嗎？你

敦倫盡分　閑邪存誠　諸惡莫作　眾善奉行　信願念佛　求生西方　能如是者　為家國光

契健賢契鑒　釋印光書

■〔近代〕印光大師墨寶

如今一概不要做這些夾雜的事情，只緊緊地執持一句阿彌陀佛，期生極樂，日久功成，方不錯卻。

善導大師身體力行，專修念佛法門；蓮池大師，雖然也通達宗門教下，但自從接受淨土法門之後，「平生所務，唯南無阿彌陀佛」；蕅益大師也是通宗通教的大通家，晚年同樣全都放下，不參禪，不學教，彌陀一句真風調；徹悟大師也是早年參禪，三十多歲一場大病之後，覺悟到「世出世間思惟遍，不念彌陀更念誰」。所以萬緣放下，一天持念十萬聲佛號；印光大師在二十一歲時看到《龍舒淨土文》的殘本，從而對淨土法門產生信心，其後六十年的修行也就是一句「南無阿彌陀佛」。祖師們所示現的一門深入，才是成辦往生淨業的正途。如果三心二意，心無定盤星，今天修這個法門，明日又修那個法門，這山望到那山高，盲修瞎煉，就會一生虛度，一事無成，依舊隨業力輪迴三界去。

中國上古有一本《陰符經》，相傳是黃帝所作。楊仁山居士還對《陰符經》作過一個註解。其中有闡釋做事要專精的文句——「瞽者善聽，聾者善視。絕利一源，用師十倍；三返晝夜，用師萬倍」。先用世間的常識來比喻，比如盲人眼睛看不到，耳根會敏利，能聽到很遠的聲音；聾人耳朵聽不到聲音，視力會很好，明察秋毫。這說明人的心力分散就力量弱，集中才功能大。譬如陽光普照，無法點燃紙，但用聚焦鏡把陽光聚焦在一點上，紙就能燃燒。由此可知，我們無論是要成就世間的事業還是修行的道業，一定要遵循「絕利一源」的原理，杜絕一切利欲上的誘惑，把所有的心力集焦在一點上，這樣顯現的功能作用就會比平時加大十倍。如果精益求精，專精又專精，三返晝夜，那功能作用就不可思議地放大到萬倍之巨。這個原理，無論對做世間的事業，還是修出世間的道業，都是具有普適性的。米元章（米芾）謂：學書法須是專一於此，更無其他愛好，方能有成就，古代善彈琴者，一生只專攻三二曲，始得入其神妙。

佛言：制心一處，無事不辦。是故學貴專精，乃成功之祕訣。我等凡夫通常是心分數路，事不歸一，好奇鶩怪，喜新厭舊，沒有耐心長期專一地做同一件事，這與眾生心散亂有極大的關係。如有人到寺院過簡單的生活，他受不了，感覺太乏味、太寂寞了，他需要五光十色的外境來安頓他這顆散亂的心。世間人或可多姿多彩，有滋有味，但修行人一定要制心一處。一味平淡，方有入處。

都攝六根，淨念相繼，除了專精，還要至誠懇切，不能浮浮泛泛，要全生命地投入。這句佛號是我們的命根子，本命元辰，離開佛號，等待我們的就是滅頂之災，萬劫不復。在生死苦海當中，這句佛號我們要緊緊抓住，抓不住就徹底地沉淪了。明了於此，吾人殷重的心，才能油然而生。至誠懇切地念佛，即是全生命去念，才能做到全佛即心，全心即佛。念佛的效果就能遠超於泛泛悠悠的念佛。臨終十聲、一聲感通佛的願力，即得隨佛往生、橫超三界之妙用。印光大師在往生前，眾弟子環繞着他，印祖最後的開示說得很直白：「淨土法門，別無奇特，但要懇切至誠，無不蒙佛接引，帶業往生。」意謂只要至誠懇切地去念阿彌陀佛，都能蒙阿彌陀佛接引，帶業往生，萬修萬人去。祖師雖然如此苦口開示，可我等淨業行人，大多依然三心二意。一般的人對很平常、平淡、平實的方法不感興趣，

■〔初唐〕《阿彌陀佛五十菩薩圖》莫高 332 窟

就喜歡比較複雜或比較神奇的事物，專精念佛還是落不到實處。這就是業障深厚，吾人當自警覺。

（三）攝心念佛的方法

我們一般念佛還是散亂。大家晝夜經行，可能人在那裏念着，還不知道心裏跑到哪去了。有一個閉關的人一出來，說：我這次閉關收穫太大了，我把我這個公司的所有的運作都想得很周到了。那不知道是念佛，還是在念甚麼。

攝心念佛的方法有許多，這裏介紹二種：一者十念記數法，這是印祖提的。即念一句佛號，心裏記一；念第二句，心裏記二……這樣從一記到十，再重新從一記到十，循環往復。念佛要念茲在茲，念佛的當下，心就在當下，不能心不在焉。但我們的心往往會跑，而且自己還意識不到，因此就要借助記數的方法來攝心，不讓心散亂。如果心一跑，就無法記清數目了。這樣立馬就能勘驗心念在不在。所以，每日的定課有時間就專門記數念佛。而日常生活行走坐卧中，不用腦筋的時候也可憶佛。在單位上班時，心裏可默念佛號，或觀想西方極樂世界的依正莊嚴，或思惟阿彌陀佛的光明功德，如是用心於淨業，只要至誠懇切，雖然在動作行為層面在做種種事情，但是深層意識還在憶佛念佛，世出世法並行而不悖。可謂「竹密不妨流水過，山高豈礙白雲飛」。

二者臨睡觀念法，這是善導大師提出的。具體的做法是在臨睡之前，念十聲南無阿彌陀佛、南無觀世音菩薩、南無大勢至菩薩、南無清淨大海眾菩薩，然後要有二個祈禱。第一個祈禱：「弟子某甲，現是生死凡夫，罪障深重，輪迴六道，苦不可言，今遇知識，得聞彌陀名號，本願功德，一心稱念，求願往生，願佛慈悲不捨，哀憐攝受。」第二個祈禱：「弟子某甲，不識佛身相好光明，願佛示現，令我得見，及見觀音勢至諸菩薩眾，彼世界中清淨莊嚴，光明妙相等，令我了了得見。」祈禱之後，就繫緣佛號去睡覺。如果至誠感通，或能夢中見佛，佛有夢中作佛事之無作妙用。即使暫時感通不到，繫念佛號入睡，至少也能提高睡眠品質，減少失眠困擾。（如有睡眠障礙者，亦可臨睡前默念《心經》，或繫想「阿」——字）

這樣念佛不僅可以圓滿往生西方的願，而且還能在現世逢凶化吉，遇難成祥。民國年間，溫州有個護法居士叫吳璧華，他經常與印光大師通信，也是每天默念佛號睡覺的。溫州靠近海邊，有一晚，忽然颶風暴雨，牆屋倒塌，牆壁就倒塌在吳璧華居士的身上，家人都以為他已經被壓死了。當大家奮力把他身上的磚土扒開時，驚奇地發現他竟安然無恙，口裏還在念着南無阿彌陀佛。正是佛號救了他！

這些念佛方法日常要去實踐，解行並進，既然是命根子，二六時中，行走坐卧，我們都要繫念這句佛號，不能打閑岔，這樣才有念佛行人的樣子。

三、念佛的勝妙功德

執持名號，一定會有功德，而且極為殊勝、極為不可思議。念佛法門的終極目標是要蒙佛接引，臨命終時往生西方極樂世界。在世間念佛的過程中，也有種種勝妙的功德。古往今來，如果要談奇跡，念佛感應是人類歷史上最神奇、最不可思議的奇跡。茲從八個方面，援引事例，予以介紹：(一)念佛減輕病苦；(二)念佛治癒絕症；(三)護持道場，預知時至；(四)父聽佛號利亡子；(五)念佛化解厄難；(六)念佛肉身不腐；(七)現代鸚鵡往生；(八)隨意所求，無不滿願。茲分述如下：

(一)念佛減輕病苦

吾人這個四大血肉之軀，免不了疾病的逼惱，如果生了大病，自然應當至心求生極樂世界。然專心念佛也有治療疾病的功效，何以故？阿伽陀藥，萬病總持。「阿伽陀」是指一個藥方能治所有的疾病。一般而言，疾病既有心理上的種種煩惱、憂鬱，也有業報身的四大不調及業障病。阿彌陀佛大慈悲心中結晶的這句名號，內含治療疾病的功德。不少得癌症的人，通過十天的精進念佛，能夠消失或者減輕。去年，我們有一位大功德主的夫人從香港過來，她得了胰臟癌，醫院宣佈沒有辦法救治了，尤其是癌細胞把整個的腸子全都堵塞了，吃不進一點東西。我們告訴她：「念佛就是求往生，不是求疾病好。」但是在念佛過程當中是有奇跡的。斷食，就在這裏一天到晚念，大概第八天的時候，她可以吃東西了。而且，胰臟癌患者本身是非常痛苦的、疼痛的，但是她在大家的助念當中很安詳，而且往生頗有瑞相，還燒出了不少的舍利花。正所謂：病苦為緣頓開宿慧稱名呼喚慈悲父，滿室蓮香竟現輕煙一縷徑登極樂國。

（二）念佛治癒絕症

方丈寮的德文師原來就有嚴重肝病，十多年前，在他病房裏面四個人，就他一個人存活。他為甚麼能夠存活？就是來東林寺打冬季佛七。他知道自己的殺業很重，他是慟哭流涕地念佛，念得全身的大汗，身體虛弱也咬緊牙關堅持着，一下子讓他轉機了。肝病治癒後，他善根發露，也就出家了。然而德文師有個弟弟，得了肝癌，開始在東林寺做義工，也都很好。但是他就可能沒有他哥哥的那種勇氣，還是比較貪戀世間，覺得自己身體不錯了，就回家一趟，面上黃疸，就走了。所以能不能把癌症治好，還是取決於信心，取決於萬緣放下，取決於徹底的慚愧心、懺悔意識。也就是一心歸命到阿彌陀佛那兒去。甚至也不要求病好，就是要求往生。往往去求往生，這個病還可能念好；你求要病好，還不行。這裏還很神妙。你求病好，很難跟這句名號感應上。通過德文師這二兄弟的結局，證知信心是第一要素。這句名號確實是萬病總持的阿伽陀藥。

在東林寺念佛出關的分享，每次都有一到二個比較神奇的感應。沒有阿彌陀佛名號功德的加持，一般是做不到的。東林寺有一個義工居士竟然二十四天就沒有吃飯，就沒有睡覺，那出來是紅光滿面。有一位比丘也有十九天沒有睡覺。都是一心歸命阿彌陀佛，就能出現這樣的奇跡。

（三）護持道場，預知時至

經典中說，信願念佛的人能得到十方諸佛的護念，佛會派二十五位菩薩隱形保護這個念佛人，觀世音菩薩、大勢至菩薩也在隱形保護這個念佛人。這些話語我們都看過，但是不是真的相信呢？

阿彌陀佛二六時中，悉在慈悲地護念加持淨業行人，尤其在臨終最後一着，予以全程的護持。淨業行人內心的最大願望，就是能預知時至。阿彌陀佛及觀音、勢至亦慈悲滿念佛人的願，或於夢中，或於定中，告知往生日期時辰。然淨業行人能否接受到此預告資訊，端在心性清淨與否。古往今來，能明確預知往生時間者不勝枚舉。

茲舉一例。民國年間有一位護法居士名叫胡松年，他曾多年護持印光大師，晚年就住在靈岩山念佛，大約六十多歲，紅光滿面，身體很好。一天，他健步如飛地進了靈岩山寺的山門，跟門頭師告假回家。門頭師問他：「你在新塔院不是住得很好嗎，怎麼還要回家？」他說：「住新塔院好是好，但再好總沒有家好吧？」門頭師以為他是要回俗家，心想：「是不是誰得罪了他啊？」

胡居士又到客堂、庫房、方丈寮、東西關房各個堂口去禮拜，跟大眾師告別，拜了就說：「師父，我來給您告假，明天上午八點鐘我就要回家了。恭請大眾師為我助念。」當他到方丈寮跟妙真長老告假時，妙真長老問：「你真有把握嗎？」他說：

「有！昨天晚上，大勢至菩薩（是印光大師的形像）告訴我：『後天上午八點鐘我來接你走。』」胡居士很有信心，這個夢很清晰。妙真長老見他說得認真，便陪他到客堂讓僧值師馬上派人為他助念。大家聽了還是半信半疑，但既然胡居士請求助念，僧值師只好到佛學院找了八個學僧，隨胡居士去新塔院。

第二天早上吃了早粥，許多執事都以好奇心去了新塔院。妙真長老也去了，只見胡居士正在與大眾談笑風生，一點病容都沒有。妙真長老跟他握手，問道：「你今天吃了東西嗎？」「早上吃了二碗粥。」「現在身體怎麼樣？」「現在身體很好。」妙真長老又問：「你要往生了，是否要通知你的兒子過來呢？」他想了想，說：「現在可以通知了，反正現在通知他也來不及了。」（他兒子在上海某銀行工作）說完，胡居士向諸師合掌，就端坐在牀上隨眾念佛了。快到七點五十五分的時候，胡居士就改坐姿為吉祥卧，情況陡然變了，往生的架勢氣氛真有了。大眾趕緊高聲念佛，八點整，胡居士安然往生了。可知，胡松年至誠念佛，感通佛菩薩告知往生時間，順利隨佛往生，神奇而真實。

（四）父聽佛號利亡子

聽佛號的功德亦不可思議。江蘇無錫寺院打佛七，找了一個會做素食的廚師。廚師也不是念佛的，反正做廚師就在念佛堂旁邊切菜，做素菜給這些居士吃。他就參加過好幾次。他有個兒子，得重病了，在垂危之際，他的兒子對他說，「我這一輩子造的惡太多。」現在求他父親一件事情，說：「你把你的佛給我，我就能投生到好的地方去。」這個廚師說：「我沒有念佛，怎麼有佛呢？」兒子說：「你有很多佛，只要你答應就可以。」這個廚師說：「我只要有，你願拿多少就拿多少吧。」結果他兒子很安詳地往生了。

明白人就知道，雖然他沒有念佛，他天天在聽那個佛號。無心聽的那個佛號都能灌到他心裏去，都能讓他兒子知道他身上有很多佛，佛號一迴向，就有作用。如果一個人真心去念南無阿彌陀佛名號，那不是功德更大嗎？

（五）念佛化解厄難

阿彌陀佛因地曾發弘誓：「一切恐懼，為作大安。」眾生遇到種種人力不可救的災難，諸如戰爭、水災、火災、車禍時，即是最為恐怖的時刻。此時，叫天天不應，叫地地不靈，只得束手待斃。此刻，如能至誠持念阿彌陀佛名號，定能感通阿彌陀佛大悲願力，獲得不可思議的救度。古往今來，此類因念佛而逢凶化吉、遇難成祥的公案不勝枚舉。茲舉幾例以證：

其一，念佛炮彈拐彎。一九三八年，日軍全面侵華，攻打河南開封時，鐵塔寺淨嚴大和尚帶領緇白二眾到大雄寶殿念佛念觀音聖號。在大眾莊嚴的佛號中，日軍炮彈呼嘯而來，轟炸了一整天，對大殿與鐵塔發射了七百多枚炮彈，然大殿僧眾與信眾安然無恙。事後觀察，發現神奇現象，炮彈擊中大殿內時，彈頭竟然拐彎向側上方，飛到外面去了。還有炮彈打入殿內爆炸，竟未傷一人。翌日，開封被日軍佔領。日軍將佐到鐵塔寺仔細察看炮轟情形，見到此景都驚奇異常，對淨嚴老和尚也敬畏有加了。他們以為是老和尚有神通，殊不知是至誠念佛感得佛菩薩慈悲威力加持所致。

其二，有驚無險的車禍。念佛在急難恐怖的時候能夠管用。二〇一四年七月，東林寺淨土苑的林居士曾遭遇到一次車禍，因念佛及護持東林大佛功德故，得以倖免。那天他從南昌開車回淨土苑，下高速路轉彎時，突然有輛大卡車撞向他的小車，當時他猝不及防，也無處躲藏，只得把車停靠在護欄邊。這時候他束手無策，感覺自己必死無疑了，只有伏在方向盤上念阿彌陀佛了。過了一會兒，他發現自己並沒有死。再看自己的車，竟然被那輛卡車撞斷成兩截，正是從他的座位旁切開，只剩下靠方向盤左側的車身，右側的車身已經沒有了。就連趕來處理事故的交警都覺得不可思議，說從來沒有看見過這樣的車禍，人還沒有受傷。第二天，林居士到我這兒，心有餘悸地報告這事，連聲說：「哎呀，感恩阿彌陀佛呀，感恩東林寺給我為大佛做功德的機會，否則昨天就沒命了。」

無獨有偶，前些年我應邀去內蒙呼和浩特弘法，有位護法老居士談到他兩個孩子的一次經歷。他的一兒一女早上開車上班，正遇下雪，地面打滑，車子控制不住，向懸崖邊滑去，他女兒見情況危急，趕緊念阿彌陀佛，他兒子也跟着一起念佛。竟然出現奇跡了！這輛車栽下山崖，但兩個人卻恍惚一下，脫離開車子站在路旁邊了。由佛力加持，保全性命了。老居士聞訊，趕緊到寺院稟告老和尚，感恩佛恩及三寶加被之恩。

其三，念佛阻斷冤家債主。我們可能會碰到冤家債主，其實碰到時一定要好好念佛。《覺園筆記》記載，有個編竹器的工匠住在江邊，從他家的窗邊能直接看到江水。有一天晚上，他在家裏編竹器，聽到二個水鬼在水邊講話。其中一個說：「我投生的機會到了。明天午後會有個喝醉酒的人到水邊來飲水，正好我把他拉下水。」另一個水鬼說：「好啊，你機會到了，祝賀你。」這個編竹器的工匠聽得很清楚，第二天他就專門坐在窗邊等候，想看個究竟。午後，果然有個人挑着擔子，像是喝醉了酒，踉踉蹌蹌來到水邊。只見這人把擔子放下，就蹲在那裏掬水喝，他的身子越來越往前傾，幾乎快要落水了。此時他喝着水，嘴裏說道：「阿彌陀佛，這水很好喝啊！」就這樣一邊掬水喝，一邊念佛。隨後，這人搖搖晃晃站起來，挑着擔子很安全地回去了。當晚，編竹器的工匠就聽到一個水鬼問：「你找的替身沒來嗎？」另一個水鬼回答說：「他來了！我趁他掬水時拉他，那人都快要被拉下水了，想不到他忽然念了句佛號，一下把我嚇退了二三丈遠。」可見念佛號能放光，光明使這水鬼瞬間不能靠近了。這鬼接着又說：「後來他不念的時候，我再上前去，誰知他喝着水又念阿彌陀佛，又把我嚇得直往後退，昏頭脹腦地不能動，只能眼睜睜地看着他走了。」證知，念佛可以阻斷水鬼的襲擾，保全性命。

又，《印光法師文鈔》中曾述說通州王鐵珊的念佛經歷。王鐵珊在前清時做過廣西的藩台，那時廣西有很多土匪，他曾設計剿匪，殺了不少人。退休之後，他生病了，一閉上眼睛，滿屋子都是鬼影幢幢，鬼來找他麻煩，他隨即驚醒。所以他不敢閉眼，鎮日睜大着眼睛，連續三天三夜不能睡覺，奄奄一息，生命垂危。他夫人是念佛的，就對他說：「你就好好念阿彌陀佛吧，阿彌陀佛能救你。」王鐵珊原來沒有信仰，被逼得沒辦法，他就嘗試着念南無阿彌陀佛，念了數十聲便睡着了，當晚就睡得很好。嘗到念佛的好處，便接着念。此後，再也沒有鬼來找他麻煩，病也痊癒了。有了這個親身經歷，王鐵珊就開始死心塌地長齋念佛了。

（六）念佛肉身不腐

世間人對去世後能留下肉身的，都會驚歎不已。河北香河曾有位老人留下肉身，各類報刊雜誌有過很多報導。無論是六祖慧能及憨山大師的肉身在南華寺至今被景仰瞻拜，還是九華山自古以來留下的高僧大德的肉身，亦對後人啟發良好。大眾崇敬瞻仰之餘，一定會從內心認為，這些留下肉身的都是功夫高深，非一般人所能企及的。而實際上念佛留下肉身的也不少，《淨土》就曾刊登過三位尼師留下肉身的公案。二〇〇七年，黑龍江紅光寺開缸出現了二位尼師的肉身。其中一位是該寺的原住持慧寬比丘尼，她於一九九八年往生，世壽八十四歲，裝缸之後，過了九年打開一看，肉身完好。另一位是同寺院的沙彌尼顯亮師，她是七十六歲才出家，於二〇〇二年八十歲時往生，她也是裝缸，五年後開缸，發現肉身同樣保持完好。如果說慧寬老比丘尼是童真出家，苦行一輩子，肉身不壞還能理解，那顯亮師出家很晚，沒有受大戒，竟然也肉身不壞。這就耐人尋味了。可見，肉身不腐的神奇，或有自己定慧力所致，或由佛力加持所致。這二位尼師有個共同的特點，就是一心念佛，禁語，不說其他的話。顯亮沙彌尼就能做到除了幹活，不講話，就是念阿彌陀佛。慧寬老比丘尼，別人請她講開示，她就一句話「好好念佛」，不說其他的，念佛非常精進。顯亮師臨往生時，瑞相昭著，甚至她的頭上都出現了戒疤。她從沒受過大戒，臨命終時，可能她內心有這種渴望，希望成為具戒的比丘尼，佛菩薩就是這麼慈悲，讓她頭頂上現出戒疤。（參見《淨

土》二〇〇八年第三期）

二〇〇九年，浙江岱山有位厚存比丘尼坐化，四年後開龕，肉身不壞。這位比丘尼是盲人，不方便參加寺院的各種法事活動，就是老實念佛，真的做到了念累了就睡，睡夠了就念。她看不到世間的人和事，反而清淨了，留下肉身。（參見《淨土》二〇一四年第一期）

這三位尼師只是老實念佛，留下肉身，可見，念佛功德不可思議。

又，現代居士至誠懇切念佛，亦有往生留下肉身的公案（可參見《淨土》二〇一七年第三期），茲不贅述。

（七）現代鸚鵡往生

不僅人道的眾生能夠往生，自古以來蜎飛蠕動的動物也都能往生。例如八哥、鸚鵡念佛就能往生。北宋年間有人埋葬一隻八哥後，發現從土中生出一朵蓮華，再循着蓮華的根一看，居然是從這隻八哥的口中生出來的。當吾人讀到《淨土聖賢錄》所記載唐朝、明朝鸚鵡念佛往生的事跡，啟發信願良多。

現代亦有鸚鵡往生的案例。九十年代，內蒙古包頭有一隻鸚鵡往生。這隻鸚鵡開始不念佛，後來到了一個收養各種動物的白居士家裏開始念佛了。一念佛，很有眼力，看到出家人去了，牠念得更歡快，「阿彌陀佛、阿彌陀佛」，念得很清楚。如果其他人教牠念其他的，或者唱世間的東西，牠不開聲，牠不念。如果還要教，牠就開始發怒了，好像要啄人似的。說得很神奇的，說有一個居士是參禪的，有一天到白居士家裏就坐在那裏，可能還在參一個甚麼話頭，這隻鸚鵡就在他坐的上頭，盯着他看，忽然就對這個參禪的說：「要念佛！快念佛！念阿彌陀佛！」一下子把這個參禪的居士嚇壞了，嚇得一屁股坐在地上了，從來沒想，好像對機而說似的。所以這隻鸚鵡很有靈氣，臨往生的時候大家都給牠助念，有一個參加過助念的比

■〔清〕于非闇《玉蘭鸚鵡》

丘跟我說：助念火化有舍利子，尤其神奇的，這隻鸚鵡的舌頭還沒有燒壞。（上述資訊由靈巖山超界法師提供）

鸚鵡念佛往生，足證阿彌陀佛因地發願：地獄、餓鬼、畜生三惡道眾生皆生我剎土的功德真實不虛。我等幸為人類，若見禽畜之往生而恬無警悟，還在放縱無明煩惱，甘心五濁眾苦，束手三界輪迴，來生改易人形於鬼畜地獄身，可不哀哉。

（八）隨意所求，無不滿願

阿彌陀佛有願必滿。《淨土聖賢錄》講，惟岸老和尚說要往生，能夠帶一個人走，當時一個小沙彌歡天喜地地願意去，還真的坐在那裏，老和尚先讓他去。

民國年間，有個六歲的童女，她往生也挺有意思。她是五歲的時候隨她的母親皈依三寶了，皈依之後就很歡喜念佛，有時候還跟她母親討論，說：「念佛多長時間才能往生呢？聽說某人念佛三年四年才往生，我念佛未到一年夠了嗎？」她的母親問：「妳現在就想去西方極樂世界嗎？」童女說：「很歡喜，我願意去呀。」這個小女孩叫張鶴仙，六歲的時候有一次從居士林念佛回來，忽然頭痛昏倒，她的母親在佛前求水灌入她的口中，過了一會兒，她嘔吐之後，就可以開口說話了。半夜，童女自己念《阿彌陀經》《往生咒》，念佛之後說：「我要回去了。」於是她的母親和嫂子就在旁邊幫她助念，她就坐在那裏念，念着佛號，帶着非常燦爛的笑容往生了。那說明她往生的心還真的很切，她不治病。她就要求往生。

這句名號內具的法報化功德，真是滿一切眾生的願。瑩珂比丘，是一個不持戒的比丘，生怕下地獄，絕食念佛，三日後，念到阿彌陀佛現前，阿彌陀佛告訴他：「我十年之後來接你。」瑩珂比丘說：「這個世界誘惑太多，我的業障太重，我想提前走。」那阿彌陀佛滿他的願，三天之後接他走。這是可以促壽去往生。

此外，還有延壽往生的公案。道詮比丘，讀《大智度論》，宗仰龍樹菩薩，造三尺像供養，發願求生極樂淨土。一日夢見一位沙門告訴他：「你還有三年的壽命。」然後他就說：「哎呀，我還有師父沒有送走，還有我的母親沒有送走。能不能等我的師父、我的母親往生之後才往生？」這位沙門說：「待我稟白阿彌陀佛後再答覆你。」過了三天，沙門托夢告訴他：「我已將你的願望告訴阿彌陀佛，佛說：你的師父十二年以後往生，你的母親是二十年以後往生。加上你三年的壽命，再讓你活二十三年。」道詮法師問：「你是甚麼人？」沙門回答：「我是龍樹，你造我的像，所以特來告知。」這個夢中的事情過去了，以後一一都符合佛授記的時間，他師父十二年之後往生，他母親二十年以後往生，等他把師父和母親送走之後，三年之後的正月十五，他自己自在往生，天樂盈空，頗有瑞相。

真的是很神奇呀！這種感應，還真是大不可思議。這些古往今來的《淨土聖賢錄》種種往生的故事，能增強我們的信心。從理上講，都是想不通，但是事相上這個情況就在面前。那預知時至的，臨終時候見光、見華，聞種種異香，聽到種種的音樂，阿彌陀佛慈悲地示現，或者在牆壁上，或者在香灰上，或者在虛空等等。這是應眾生的機，啟發他的信心，有種種不同的示現。古往今來，淨土法門如果沒有這些瑞相的示現，我們這個世間的眾生在知識、常識、邏輯思維層面，是沒有辦法相信的。沒有這些感應的事例在激發我們，在令我們產生信心，這個法門怎麼能傳得下來？

綜上所述，念佛的勝妙功德，說起來真是無窮無盡。上面略述八方面的功德，只是滄海一粟。這是由於阿彌陀佛的願力無有窮盡，阿彌陀佛名號的功德無有窮盡，我們眾生能念的心無有窮盡。眾生能念的心、所念的名號和阿彌陀佛巨大的加持力，都屬於大不可思議的境界。在執持名號的過程當中，也完全是體現着信解在裏面。淨土法門標舉阿彌陀佛名號的果德，以種種的感應、種種的瑞相、種種的勝妙勸發古往今來的有緣眾生修行這個稀有的妙法。我們念這句名號，也在聲聲喚醒本來人。在三界無明大夢中，在三界無明大夢中，我們是一個沉睡的人，是一個顛倒的人，是一個五毒俱全的人，是一個靠自己只能沉淪墮落的人，所以這句名號對我們極為重要，我們抓住這句名號，安住在名號的光明功德當中，就能得大安樂。我們失去這句名號，等待我們的就是地獄的劇苦，是別無選擇的。所以，我們一定要以深信願盡形壽地執持南無阿彌陀佛名號，作為此生唯此為大的一件大事來辦！我等眾生感戴佛恩，就得從這裏下手。

■〔晚唐〕《佛與諸眾菩薩》莫高窟 12 窟

第五講

淨業助行圓修迴向

淨業的正行，就是深信切願一心執持南無阿彌陀佛名號，這也是菩薩所修，以一法攝一切法的總持了。但對於我等末法眾生來說，從朝至暮、從生到死只是念這一句佛號，恐怕難以專精持久，所以有必要借助一些淨業助行，幫助正行圓滿成就。淨業助行屬於福德智慧的資糧。凡夫的心都會動盪波動，很難持之如一，就好像一年當中，有春夏秋冬四季的更迭一樣，吾人的淨業行持，也得要正助二行相資並進，調適心性。

站在圓教的立場，淨業助行的目標還是要指向往生西方極樂世界。如果助行不具備圓融迴向的特點，就會自然感得人天福報，那仍然無法出離三界。廣義的淨業助行含攝菩薩六度萬行，狹義的淨業助行即是淨業三福與普賢十大願王，這與淨業行人的修持關聯甚密。此講即從這二方面予以展開：一、淨業三福含攝世出世間善法；二、十大願王導歸極樂的啟示。茲分述如下：

一、淨業三福含攝世出世間善法

「淨業三福」出自《佛說觀無量壽佛經》。當時韋提希夫人向釋尊請的是「教我思惟，教我正受」，是屬於定善往生之法。於是，釋迦牟尼佛隨順韋提希之意，宣說了定善十三觀。佛深知僅靠定善一法很難普攝一切眾生，尤其是散亂根機的眾生，所以佛隨自意宣說淨業三福以及九品往生章。亂想凡夫通過福德的積累，漸次產生智慧，從而能夠聞信淨土法門：信願持名，即可往生極樂世界。對於鈍根初機眾生來說，大多不可能具備淨土的信慧，是故從修行淨業三福入手，乃不可或缺的方便。淨業三福包括人天福、小乘福和大乘福，所展開的十一句法義圓攝了五乘的佛法。分述如下：

（一）人天福：孝養父母，奉事師長，慈心不殺，修十善業。這是得人身、感天福的行為規範。

首先是孝養父母，作為一個人，道德人格的基礎是孝道，孝道也表明一個人知恩報德的基本道德心理。

為甚麼要行孝道？因為這個世間對我們最有恩德的是父母，父母是世間福田之最。孝養父母，最基本的條件是贍養父母，保證他們衣食不愁。同時還包括讓父母生歡喜心，順着父母的心，早晚都要噓寒問暖，父母未說之前，就要滿足他們心裏的需求。進一步，還能夠光宗耀祖，成就一番世間的事業，令父母有榮耀感。當然，最高的孝順是要順父母的佛性，養父母的法身慧命。

■〔北宋〕《南無地藏菩薩像》敦煌

所以，只有佛教才賦予了「孝」更深廣的內涵，令父母出離三界輪迴，讓他們圓成佛道。這就是蓮池大師說的「親得離塵垢，子道方成就」，父母雙親得以離開三界的塵垢，作為子女的孝道才真正成就。地藏菩薩就是一個表範。他在因地分別作婆羅門女和光目女的時候，知道母親在三惡道裏，一定要救度，所救度的方法是通過念佛。婆羅門女念覺華定自在王如來名號一日一夜，到了地獄的海邊，與無毒鬼王有一段對話。通過她供養覺華定自在王如來以及念佛的功德，她的母親從地獄裏出來升到天上去了。光目女也是供養佛，得佛在夢中告訴她母親死後輪轉的情況，隨後光目女為母發弘誓大願，終於使其母親得到解脫。佛教作為出現在印度的宗教，傳到中國，能夠在此土生根、開花、結果，被震旦國人所接受，這和佛教重視孝道，與儒家「百善孝為先」的理念能夠接通，有很大的關係。孝道永遠是法界的真理，做人起碼的道德規範，因此違悖孝道就是惡法。大不孝，無論是在世間的法律與輿論，還是在冥府的審判，都是要給予嚴厲懲罰的。

第二，奉事師長。「師長」有世間的師長，就是教我們知識技能的大中小學的老師們，還有出世間教我們佛法的師長，稱為善知識或和尚阿闍梨。對這些師長，我們都要以恭敬心奉事。要有弟子之相，要代師之勞，像大地一樣的心，具備像僕人那樣的心奉事師長，並且要捨我慢，一切都要請示師長後方可為之。不要說師長的過失。經典中說，如果弟子說和尚阿闍梨的過失，是要墮地獄的。可見，尊師重道不僅是中國文化的傳統，也是淨土文化所推崇的。

第三，慈心不殺。這是指要有仁慈之心，不殺害任何生命。一切眾生都貪生怕死，把生命看得至高無上，因此我們要有恕道精神，所謂己所不欲，勿施於人。慈悲心是成佛的種子，所以戒律把不殺生戒放在首位。眾生的內心往往有倚強凌弱的殘忍性，掠奪其他生命滋養自己。自古以來會有這麼多戰爭，人與人之間會有種種矛盾摩擦，甚至整個社會被恐怖主義所籠罩，這些都是無始劫來相生相殺的殺業所招感。人類只有奉行不殺生戒，培植仁慈心，才能有真正的世界和平。在此，淨業行人表達仁慈心，不僅不能去殺生，還要堅持吃素，連間接殺生都要避免。能如是篤實行持，便可不遭遇刀兵劫。

第四，修十善業。十善業在經典當中稱為是總持，它如同大地，無論是世間還是出世間的功德善法，都是依十善業而得以成就。轉輪聖王御世，即以十善業道治理國家。十善業是身三、口四、意三，共十種善業。身三：不殺生、不偷盜、不邪淫；口四：不妄語、不綺語、不兩舌、不惡口；意三：不貪、不瞋、不痴。

這是從止惡的角度，不要去做這些惡行。《華嚴經》云：十不善業道，是地獄畜生餓鬼受生因。於中殺生之罪，能令眾生墮於地獄畜生餓鬼。若生人中，得二種果報，一者短命，二者多病。偷盜之罪，亦令眾生墮三惡道，若生人中，得二種果報，一者貧窮，二者共財不得自在。邪淫之罪，亦令眾生墮三惡道，若生人中，得二種果報，一者妻不貞良，二者不得隨意眷屬。乃至邪見之罪，亦令眾生墮三惡道，若生人中，得二種果報，一者生邪見家，二者其心諂曲。十不善業道，能生此等無量無邊大苦聚，是故應當遠離。

如果從積極行善的角度來看，不僅不殺生，而且還要放生；不僅不偷盜，而且還去布施；不僅不邪淫，而且修清淨梵行；不說妄語，說誠實語、質直語、和諍語、柔軟語；意念當中，要有不淨觀、慈悲觀和因緣觀。《華嚴經》又云：十善業道，是人天乃至有頂處受生因。若以大悲大願修持上上十善業道，乃至證十力四無畏故，一切佛法皆得成就，是故我今等行十善。《無量壽經》亦談到，在家居士以十善業道規範身口意三業，能夠隨分隨力地念佛，乃至一晝夜執持名號，臨命終時，阿彌陀佛都會接引他往生極樂淨土。

（二）小乘福，又稱為戒福。小乘有解脫的需求，要解脫輪迴，就要持戒修道。

佛是為道制戒，不為人天福報。

戒律由淺到深，首先要「受持三歸」，就是皈依佛、皈依法、皈依僧。法界常住的三寶是吾人出離生死、獲得般若智慧的保障。三寶，佛就是大醫王，法就是藥方，僧就是瞻病人，都是不可缺少的。淨業行持得三寶加持，方始有成。

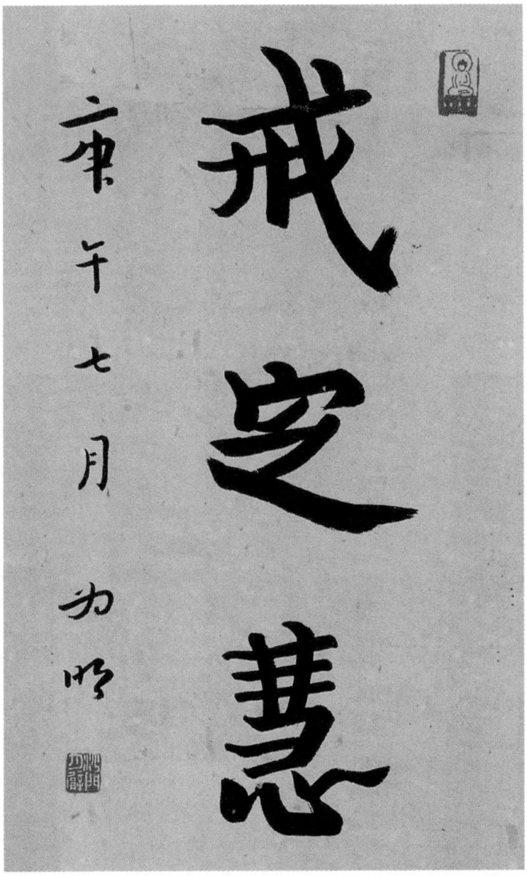

■〔清〕弘一法師墨寶

所以要做三寶弟子。有的居士自視甚高，輕慢僧團，自稱是「二寶弟子」，這是不可以的。尤其在佛滅度之後，皈依僧寶還放在第一位，只有皈依僧寶，才能得到佛寶和法寶的加持力，所以不要小看凡夫僧。比如說想祈雨，先要向泥龍祈求，真龍才能下雨，那麼要祈福、祈加持，也要先向凡夫僧去請，才有聖賢僧給予加持。因此，要以平等的心恭敬僧團中的每一位出家人。

「具足眾戒」。戒就是禁止，不允許做。「禁」下面的「示」就表明是神聖的地方，比如皇家公園，或者寺廟和祠堂處，不能在那裏任意砍伐樹木。通過禁，那個地方的樹木花卉就非常繁茂，而沒有禁的地方則會被砍得一片荒蕪。因此這個「禁」很重要，吾人的生命接受這種禁忌，就能豐滿茂盛，否則人格就會瓦解荒蕪。是故，無論是世間的福德，還是出世間的道業，悉皆重視持戒。

佛的戒律是讓我們走向解脫的，戒律約束的是煩惱，解放的是佛性。所以，吾人要以歡喜心、生稀有難遭之想去奉持戒律，不斷提高持戒意識。只有戒律才能令吾人得到究竟的幸福。不持戒，不僅得不到人身，可能連動物野干的身都得不到了，說不準就直接下地獄了。

戒的類別很多，有五戒、八關齋戒、沙彌十戒、比丘比丘尼具足戒，還有菩薩三聚淨戒，受戒之後都得要認真地去受持。

「不犯威儀」。威儀就是指那些小小戒，屬於遮戒的範圍。一個持戒意識很強的人，對小小戒也會像重戒一樣去受持，這樣他身口意三業就有儀可威，就能莊嚴他的法身慧命。先以戒來持身，再來持心，身心一如，就像優波離尊者，得定共戒、道共戒契入圓通常自性。在戒福裏講，若能一日一夜受持八關齋戒、沙彌沙彌尼戒、比丘比丘尼具足戒，並以此功德迴向往生，能得中品中生的往生品位。可見持戒功德不可思議。

（三）大乘福，顧名思義就是發心廣大，具寬廣的車乘，不僅運載自己，也運載更多的眾生到達解脫的彼岸。

要積累大乘的福德，首先要「發菩提心」，上成佛道，下化眾生。菩提心就是成佛的心，成佛的心就是度眾生的心。這就要有無我的空慧，要有同體的大慈悲心，要有捍勞忍苦的意志力，還要有度化眾生的種種善巧方便。所以大乘經典讚歎初發菩提心的功德之大，那是佛窮劫讚歎都不可窮盡。

其次「深信因果」。這包括世間和出世間的因果。三世因果律真實不虛，絲毫不爽，舉心動念、行為善惡都一定會感得或苦或樂的果報。若深信因果，那持戒就有堅實的保障，只有深信因果，才會戰戰兢兢，如履薄冰。若不信因果，那就會陽奉陰違，機心狡詐，肆無忌憚，為所欲為。所以一定要深信因果，思地獄苦，發念佛心，只有這樣才能趨入自覺修道的狀態。

第三「讀誦大乘」。對淨業行人來說，主要是讀誦「淨土五經」。此外，像《法華經》《楞嚴經》《華嚴經》等大乘經典也可以迴圈去讀誦。尤其對於負有弘法使命的法師來說，這些大乘經典都應該要深入研讀。讀誦大乘經典能夠讓我們突破狹劣的知見，得正法眼藏，薰陶法界觀，開啟吾人般若慧眼。當我們的慧眼打開之後，就能夠從內心深厭娑婆輪迴之苦、欣慕淨土涅槃之樂。

第四「勸進行者」。作為淨業行人，自己通過修行獲得了利益，也一定會以同體的慈悲心，勸勉化導家人、同學、同事等一切有緣人一起來修行念佛法門，這就是作如來使。在這個娑婆世界傳播彌陀願力，每個佛弟子都有一份責任，自己這盞信心之燈點燃之後，也要點燃第二盞、第三盞……只有點亮百千萬億盞眾生的心燈，才能令暗冥的魔鄉現出光亮。並且，從自他不二的觀念來看，能夠勸勉眾生往生西方極樂世界，那自己也決定往生有分。

有個公案，唐代有位房翥居士突然暴死，被閻羅王攝到陰間，閻羅王告訴他：「你曾經勸過一個老人念佛，他已經往生西方極樂世界了，你承這個福，也可以往生。」但是房翥暫時還不想往生，他曾發願誦滿一萬遍《金剛經》，還要朝禮五台山，所以閻羅王只好將他放回陽間。透過這則公案，可知，勸勉他人往生淨土，自己承福也可以往生。一個企業家聽到這個公案後，很高興地說：「我沒時間念佛，我就多建些念佛堂，請人去念佛，他們都往生了，我也佔便宜了。」這個企業家能有這樣的感悟與善舉，也是福德智慧深厚所致。

勸進行者還需要有慈悲心。眾生不瞭解佛法，不能聞信淨土法門，真的很苦，如果有一個人願意聽聞淨土法門，用善導大師的話來講，不惜身命，為其說之。尤其是現在的中國，由於近幾十年來宗教被邊緣化，大部分中國人都缺乏聞法的機緣。近年來由於網路等資訊發達，公眾聞法的機緣較之以往大有好轉，但廣大的農村還是很閉塞。所以，在座的諸位居士，要發作如來使心，要注重基層弘法，其實很多邊遠山區的農民頗有善根，但他們沒有聞法的機緣，那確實很苦啊！上海有位退休的中學老師，她專門到農村去講《太上感應篇》，特別受歡迎。當她講完要離開的時候，村民們依依不捨，把她送得很遠，還向她頂禮。《太上感應篇》

作為中國三大善書之一，在國人的內心很有文化積澱，但一定要有講法的緣將這種文化原素調動起來，以福我中華。

佛種從緣起，一切眾生都有成佛的菩提種子，但需要有講法的緣，這顆種子才能破土而出，否則菩提種子還會長久沉寂。是故，作彌陀使，勸進行者在這個時代尤為重要。

綜上所述，雖然淨業三福是佛應散動根機的眾生而說的，但其義理含攝五乘佛法，體現出淨土法門「豎與一切法門渾同」的特質，並能提升「人間佛教」的境界格調，吾輩淨業行人，當依教奉行。善導大師曾開示，在三福當中或者修人天福，或者修小乘福，或者修大乘福，任修一種福迴向，都能往生。當然，如果能三福一齊修，那往生更有把握，往生的品位更高。

■《善財童子參德雲比丘》

二、十大願王導歸極樂的啟示

再來看十大願王。《華嚴經》中述說善財童子五十三參，他先是在文殊菩薩座下開根本智，以十信滿心發菩提心，然後文殊菩薩就指示他通過南詢參訪善知識來開差別智。善財童子參訪第一位善知識德雲比丘，就聞信念佛三昧，得圓教初住。隨後他次第地參學，從海雲比丘、善住比丘……一直到彌勒菩薩。彌勒菩薩指點他再回到文殊菩薩那去，以得到文殊菩薩的印證。文殊菩薩加被善財童子後，又讓他去參最後一位善知識華嚴長子普賢菩薩。

善財童子每次見善知識都要先頂禮，然後陳述：我已發阿耨多羅三藐三菩提心，未知如何行菩薩道，入菩薩行，圓滿普賢行？普賢菩薩就先為他讚歎毗盧遮那二十一種功德，以表證諸佛的功德無量無邊，最後偈云：

剎塵心念可數知，大海中水可飲盡，
虛空可量風可繫，無人能說佛功德。

這是以推到極致的比喻來說明佛的功德無量無邊。偈中列舉幾種不可思議的極難之事：十方無量佛剎碾成微塵，一個微塵算作一個眾生，欲將這些微塵數眾生所有的念頭都數清楚；大海的水浩瀚無邊，欲將海水飲盡；虛空廣闊無際，欲測量它的範圍；風是流動無住的，欲將它繫住。對於這些困難至極的事，即使都能辦到，但要想說盡佛的功德，卻是斷無可能的。佛的果德是這樣無量無邊，令善財童子生起了神往之心：原來成佛有如此富麗莊嚴、無量無邊的功德。

要成就如來恆沙多的功德，就要修十大願王。我們每天做早課都要念十大願王的名目，以警覺吾人了知其真實義，落實在日常行持中。

一者禮敬諸佛。禮敬諸佛是指身業禮敬。通過禮敬，能破除我慢的障礙，能夠把膝蓋跪下來，就能降伏我慢，生起謙卑恭敬一切的心態。通常情況下，吾人至心禮敬過去諸佛、現在諸佛，那沒有心理障礙，佛弟子乃至一般社會人士都能做到，然要以平等恭敬心來禮敬未來佛，這就不是一般人能做得到的。甚麼是未來佛？一切現前的眾生都是未來佛，乃至蜎飛蠕動的眾生都是未來佛，吾人悉當以平等恭敬心去禮敬。

《法華經》中有《常不輕菩薩品》，常不輕菩薩就是釋迦牟尼佛的因地，這品經的當機者是大勢至菩薩。常不輕菩薩一生只修行一個法門——禮敬。見了一切比丘、比丘尼、優婆塞、優婆夷，他就要頂禮，一邊頂禮，一邊還說一句話：我不敢輕慢汝等，汝等終當作佛。有些增上慢的四眾弟子就很討厭他：「你有甚麼資格給我授記！」這位菩薩之所以叫常不輕，就是因為他不輕慢任何一個眾生，而且恆常地這樣去做。即使那些人討厭他、罵他，他也要頂禮，也說這句話。這些人用棍子打他，他就在棍子打不到的地方頂禮，又說這句話；這些人用石頭拋擲他，他就在石頭拋不到的地方再頂禮，再說這句話。他一輩子不坐禪、不誦經，就是禮敬。這位常不輕菩薩臨命終時得六根清淨，見到虛空當中威音王佛講了二十千萬億的《法華經》偈頌，馬上就延長壽命二百萬億那由他歲，見到多少多少佛。這時候，打罵他的這些四眾弟子看到他得神通力、樂說辯力、大善寂力了，就去向他懺悔。雖然懺悔，還是先下地獄，從地獄出來之後再作常不輕菩薩的弟子。

《維摩詰經》中，維摩詰居士得到一位長者子給他的珍寶，他就分成二份，一份給了難勝如來，一份給了與會的最下等的乞丐。他用平等心去做這件事，那就是法供養。唐代飛錫禪師在《念佛三昧寶王論》中，將「念未來佛速成三昧門」放在第一，就特別強調這個問題，要對一切眾生生世尊想，要生起平等恭敬心。

禮敬諸佛這一願王也啟示我們日常修行要常常拜佛，至心禮佛一拜，罪滅恆沙。現在我們的業障很重，特別是身體不好，通過拜佛還能夠活動活動身體，令身心康樂。拜佛作為修行，身口意三業能夠集中，眼睛看着佛像，身體拜下去，口裏還在念着佛。宋代王日休居士每天禮佛一千拜，臨命終時是站着往生的。所以大家應該多拜佛。

而且，每個行願都是以廣大心去做的。例如禮敬諸佛時，不僅自己一人在禮敬，還要觀想法界無量無邊的眾生在禮敬；不僅自己在一處禮敬，還要觀想自己在一一佛所，以無量無邊的身，禮敬無量無邊的佛。十大願王是以普賢的心量去做的，這種心量是無盡的，虛空無盡，眾生無盡，眾生業無盡，眾生煩惱無盡，禮敬諸佛亦無有窮盡。

二者稱讚如來，這是指口業。我等凡夫的口業不是講假話套話，就是播弄是非，每天搖着三寸不爛之舌造了多少的口業，自己都不知道。所以要轉這個口業去稱讚如來，使其進入至善的狀態。經典當中講，釋迦牟尼佛因地作仙人時，觀弗沙佛的相好，心生歡喜，合十指掌，翹於一腳，七日七夜，以一個偈子讚佛：

天上天下無如佛，十方世界亦無比。
世間所有我盡見，一切無有如佛者。

以這個偈子讚佛，功超九劫，比彌勒菩薩提前九劫成佛。一般而言，大修行人見佛，首先就是要讚歎佛德。如法藏菩薩於出家時見到世自在王如來，他的偈頌首先就是讚佛。法藏菩薩成佛之後，他方世界的菩薩過來見到阿彌陀佛，首先是讚阿彌陀佛。我們念佛之前唱的《讚佛偈》是宋代擇瑛法師依據《觀經》第九真身觀所作：

阿彌陀佛身金色，相好光明無等倫。
白毫宛轉五須彌，紺目澄清四大海。
光中化佛無數億，化菩薩眾亦無邊。
四十八願度眾生，九品咸令登彼岸。

印祖稱譽此讚佛偈：「舉正報以攝依果，言化主以包徒眾。雖只八句，淨土三經之大綱盡舉也。」（《增廣印光法師文鈔卷一．與悟開師書》）是故吾人當常熏習。

不僅在做功課、做法事的時候，就是平時我們待人接物，要有這種心理上的傾向，要讚歎人家。一切眾生總有閃光點，要讚歎他的閃光點，不要一見面就找茬，天天挑毛病。拂逆大家的心，總是說些難聽的話，肯定不受大眾歡迎。所以要說讚歎他人的話，這其實也是一種甚深的涵養。我們就喜歡說那些嘲笑別人的

■〔晚唐〕《供養菩薩》莫高144窟

話、挑剌的話，來表明自己多麼厲害，多麼高明，高人一等，自讚毀他，實際上你就麻煩了，所造的口業就很深重了。而常常讚歎別人，尤其讚歎如來的功德，就能夠獲得無礙的辯才。

三者廣修供養，可令行人破除慳貪的煩惱。供養有財供養，有法供養。一切眾生都慳吝，自己的東西捨不得給別人，對他人之物卻垂涎三尺。小偷的心理就是如此，看到別人有好的東西就想佔為己有，否則渾身不舒服，所以他要行竊。而修普賢這一行願，就要廣行布施，以歡喜心布施金錢財寶、資生用具、王位眷屬，乃至布施頭目腦髓。而且布施還要三輪體空，不存期望回報之心。能夠三輪體空地布施，當下財供養就是法供養。供養當中，有三種福田：敬田、恩田和悲田。三寶、聖人為敬田，父母師長屬於恩田，一切窮苦無告的人則屬於悲田，這些我們都應當要去供養。

法供養就是把自己所學到的佛法無條件地供養給大家，不能吝法，否則就會得愚痴的果報。如果能夠法供養，為眾生講經說法，就能開發智慧。因為通過我們的法供養，眾生開發了智慧，那麼自他不二，他人開發了智慧，也就等同於自己開發了智慧。證知以慈悲心代佛弘法，即可得諸佛菩薩加被，獲得無上智慧。如是開智法，吾人當踐行。

四者懺悔業障，這是離愚痴之報。一個菩薩思惟自己無量劫以來，由於貪瞋痴三毒煩惱鼓動身口意三業，所造的惡業無量無邊，如果這些惡業有體積的話，盡虛空都容納不了。菩薩尚且說自己的業障無量無邊，更何況業力凡夫。我們有三種障——煩惱障、業障和報障，這三者內在的關係是：煩惱障就像種子，業障就像水土，報障就像果實。因此，在三種障裏先懺悔業障，使這個種子得不到水土的培植，就沒有那個報障。

懺悔業障要生慚愧心，我們知道自己的業障無量無邊，慚愧心才能出來，才去尋找懺悔的方法。淨土法門是帶惑業往生的法門，也是重視懺除業障的，隨緣消舊業。慈雲懺主遵式大師曾作《往生淨土懺願儀》，世傳為大淨土懺，收入《淨土十要》中，淨業行人可行之。懺法有作法懺，有取相懺，有實相懺。《觀經》云：至心稱念一聲南無阿彌陀佛，能消八十億劫生死重罪。證知，至心念佛即為最上乘的懺罪法。

五者隨喜功德，這是破除嫉妒的障礙。人有一種劣根性，就是嫉妒心，見不得別人好，看到別人倒楣，心裏就挺舒服；見到別人活得比較滋潤，自己就難過。這其實是薄福之相。是故吾人要把心量打開，要有隨喜他人勝德的心。隨喜的對境包括四聖六凡所有的善根功德，我們都要隨喜讚歎，成人之美。

能隨喜他人功德，實則在積累培植自己的福報。讚歎別人，鼓勵成就他人圓成善業，這是自利利人的善行。不要無端地懷疑阻撓他人的善舉，諸如別人正在放生，有人非得說：「你們怎麼放生，放生不就是放死嗎？」這就是阻撓人家。固然，放生處理不恰當時會有一些弊端，但放生的大方向是正確的，是傳達慈悲的精神，眾生平等的觀念，首先要去讚歎，而不是去障礙。或者善心人正在給乞丐布施錢財，卻有人在一旁說：「他可能是騙人的哦！」阻撓別人行善。如果此時讚歎一下，人家也就布施了。一定要讚歎、隨喜，這就好像一個人在賣香，另一個人在買香，你站在旁邊也沾染了這個香氣，而買賣香的人並沒有損失。所以，我們要保持一個隨喜功德的心態和讚歎他人善行的口業。

六者請轉法輪，能除謗法的障礙。為甚麼要請法？一切諸佛示現，都有人來請法，菩薩常請，諸佛常說，法輪常轉，佛日增輝。這個世界有佛法的流布，就充滿光明，眾生得福。佛法要表現其尊重性，有請方說，重法不輕說。如果輕率地去說，別人不恭敬，也產生不了作用。有請才說，尊師重道。

《周易》有蒙卦，「蒙」是指需要啟蒙的人。為師之人一定要自尊自重，匪我求童蒙，童蒙求我。求學問求師，是學生不辭辛勞，不遠千里，登門來求學，不是老師找上門去教學生。即云：但問來學，不可往教。這是傳道師資的自然規則。中醫也有類似的規矩，如果病人不上門求醫，醫生是不會去找病人治療的。因為療效的好壞，亦與病人對醫生有否信敬心相關。所以，請轉法輪是上承諸佛之願，下順眾生之心。諸佛來到世間示現八相成道，有着講經說法的悲願，但眾生蒙昧顛倒，不知道向佛請法。所以，明白人就要主動去請佛。佛滅度之後，三乘的聖人乃至有正知正見的修行人，也都在可請說法之列。甚至，不忍佛法滅，自己通過努力修行有一定的體會，也可隨緣講說，這叫請自心佛說法。

請轉法輪，其實現代每個人都可以發心為之，例如主動地去流通佛經、光碟等。弘法在任何時代都非常重要，「佛法無人說，雖慧莫能了」。世間那些大科學家、大知識分子，他們在自己的專業領域或許還很優秀，一旦到佛法的層面，可能就百思不得其解了。多少教授、博導看《金剛經》《心經》，包括《印光法師文鈔》，都像看天書，滿頭霧水，不知所云，往往這些專業人士的分別識太強，邏輯思維太強，看佛經就看不懂。所以需要跟他去講法。培養弘法人才就至為重要，人能弘道，非道弘人。

七者請佛住世。對於久處無明暗夜的眾生來說，佛就是能灼破羣昏的杲日，有着拯救一切眾生的力量。佛應眾生得度的機緣出興於世，如優曇華，稀有難遇。如果有幸遇到了，一定要請佛長久住世。佛臨涅槃那天，向天上地上的所有人（六道一切眾生）宣告：今日當入般涅槃。當時很多眾生長跪叉手，淚流滿面，請佛莫入涅槃。但是，釋尊涅槃之事實則是有因緣的。佛曾向阿難暗示過，佛可以住世一劫若減一劫。但阿難默然，沒有請佛住世。魔王波旬反而開始請了，說：您老人家度人度得差不多了，該可以了。這是波旬請佛入涅槃。那佛也恆順眾生，就答應波旬三個月之後入涅槃。佛不打妄語，既然答應了波旬，那就要入涅槃。當然這也是佛示現的一個過程，從《法華經》來看，佛示現涅槃也是度化眾生的方便。如果佛長久住世的話，很多人不生恭敬之心，不生稀有難遭之想。示現涅槃相，很多眾生就有修學佛法的緊迫感了，對佛法也就能油然生起恭敬難遭之想了。

■〔中唐〕《涅槃經變之迦葉奔喪》莫高158窟

須跋陀羅是佛最後度化的一個弟子，他活了一百二十歲，是一個老外道，在之前很長的時間裏，他根本就沒有來向佛請教。一日他聽天人說佛要涅槃了，就緊張了：佛都要涅槃了，而我還沒有得解脫，得要趕緊向佛請教，否則以後沒機會了。於是趕忙跑去找佛。當時阿難把他擋住，不讓他進，怕他干擾佛最後的涅槃。他就再三地懇求。佛聽到他的聲音，讓阿難放他進去，給他講八正道。當下，須跋陀羅就證到了阿羅漢果，為了報答佛的恩德，他自己先入涅槃。正是佛示現涅槃的消息，把須跋陀羅給度過來了。如果佛長久住世，他也根本就不在意了。佛滅度之後，一切三乘的行人以及一切有修有證的善知識、高僧大德，也應該要請他們長久住世。

八者常隨佛學，從這一願開始，下面三個行願屬於迴向的範圍了。這個「常隨」，「常」就是恆常地、無窮盡地不違悖佛陀的教敕而修行。常隨佛學也包含着以佛為榜樣，從初發心到圓成佛果的全過程，我們都要亦步亦趨地去仿效。

學佛是解行並進、知行合一的，而不是搞佛學，佛學屬於知識學問的範疇。

九者恆順眾生，這是利他行，迴向眾生。這一行願所表述的道理非常精彩。恆常隨順眾生各種不同的根性，以四攝法（布施、愛語、同事、利行）成就他們。恆順眾生不是恆順自己，一個具備無我空慧的人才能恆順眾生。眾生有種種根機、種種欲樂、種種習氣，我們都要去恆順。之所以要恆順眾生，就是因為佛與眾生是同體的，恆順眾生就等於恆順諸佛，讓眾生歡喜就等於讓諸佛歡喜。《華嚴經》以海印三昧來表達佛與眾生同體的深義，當佛證得海印三昧的時候，大海岸邊所有的樹木、花卉、景物都印在大海裏面了，於是印在大海中的景物即是大海的組成部分。同理，九法界眾生也都是佛所證到的海印三昧所現之影，是故一切眾生與佛是同體的。

由此，佛菩薩以大悲心為體性，大悲心是緣苦難眾生而生起來的，由大悲心催生菩提心，由菩提心引導菩薩的六度萬行，由六度萬行成就了菩提樹的一切種智的果實，所以菩提屬於眾生，如果沒有眾生，就沒有菩薩，就沒有佛。從這個意義上來說，為報眾生恩故，必須要恆順眾生。令一切眾生悉皆往生極樂淨土，即是究竟的恆順眾生、報眾生恩。

十者普皆迴向，這一行願是要將前面九種修行的功德作三種迴向。一是迴事向理，迴轉前面九類行願事相功德，趨向真如實相；二是迴因向果，迴前述行願因行趨向菩提佛果；三是迴自向他，迴轉自己修普賢行願功德趣向法界眾生，令眾生離苦得樂。通過三種迴向，就能拓展心量。一般而言，我等業力凡夫好不容易修了點功德，就會覺得這應該屬於自己的，最多是讓家親眷屬沾點光。而把自己修行的功德給其他眾生，那可捨不得！本來修行便想着得點人天福報，可是一旦全捨出去了，自己可不白忙乎了嗎？然事實並非如此，佛法的奧妙恰恰是你越迴向功德越大。由於心量的擴大，功德也隨之放大。所做的功德就像一滴水，如果不迴向，這滴水就容易乾涸；如果做了迴向，這滴水就回歸到了大海，就永遠不會乾涸。以此獲捨一得萬報，乃至捨一得不可說不可說倍數之果報。然亦無功德相。

對於淨業行人而言，修行的一切功德，無論是持名念佛，還是淨業三福、十大願王，都要以前往西方極樂世界作為迴向的目標，而且是與法界眾生一同前往。到了西方極樂世界，華開見佛，悟證無生法忍之後，還要回到娑婆世界煩惱稠林生死苦海，救度苦難的眾生。如是往相迴向與還相迴向就能成就大悲心，與大乘淨土妙法相應。

普賢十大願王與淨土法門關聯甚密，我們要儘量去做，儘管要把它做圓滿極為不容易。《無量壽經》講與會的菩薩大眾都遵修普賢大士之德，阿彌陀佛第二十二願「菩薩一生補處願」也談到，極樂菩薩現前修習普賢之德。《無量壽經》

唐譯本開顯：若諸有情當作佛，行超普賢登彼岸。意謂一切有緣的眾生發願要成就佛果，就應當要念佛往生到彼岸極樂淨土，一到極樂淨土，就行超普賢了，能快速圓滿普賢十大願王，一超直入如來地。淨土法門至圓至頓的特質，於此可見一斑。《普賢行願品》是《華嚴經》結穴歸根之處，是《華嚴經》的修行中樞。《華嚴經》以十大願王作為歸宿，十大願王則以往生西方極樂世界作為歸宿，這就直接把淨土法門與《華嚴經》緊密地聯繫在一起了。淨土法門得十大願王的導歸，就拓展到了大乘全圓的境界，而《華嚴經》得「南無阿彌陀佛」六字洪名的歸宿，也就能圓滿毗盧遮那莊嚴成就華藏世界的本懷，二者相得益彰。所以，憑藉六字洪名就能開啟華嚴事事無礙的法界，極樂淨土的莊嚴全體具足着華嚴十玄門和六相的功德。普賢行願之法義境界昭示：毗盧遮那與阿彌陀佛同體不二，極樂淨土與華藏世界圓融互攝，十大願王導歸極樂，亦屬法爾自然之佛事因緣。

■〔西夏〕《釋迦多寶佛並坐說法圖》榆林4窟

結語

末法端賴念佛出火宅

吾人現在處於釋迦牟尼佛一代時教法運當中的末法時期，這個時代要出離三界的火宅，依佛言祖語教敕，唯有仰賴念佛往生淨土一法，方克有成。茲從三方面予以闡釋：一、法滅之時，獨留《無量壽經》住世百年；二、五濁惡世，非念佛必不可度；三、往生極樂為今世修行的唯一目標。

一、法滅之時，獨留《無量壽經》住世百年

《無量壽經》中，釋尊懸記：「當來之世，經道滅盡，我以慈悲哀愍，特留此經，止住百歲。其有眾生，值斯經者，隨意所願，皆可得度。」

當來之世是指佛滅度之後的世紀，經過正法一千年、像法一千年和末法一萬年三個時期之後，佛經最終將會在地球上消失。先是《首楞嚴經》和《般舟三昧經》，隨後十二部經典次第漸滅，伊時佛經經卷自然沒有文字，比丘身上披的袈裟也自然變白，這些都是法滅之相。一切經法滅盡，萬古如長夜。釋迦牟尼佛以大

慈悲哀愍眾生的願力，特別地將這部《無量壽經》留在這個世間一百年。那時已是刀兵劫了，人的壽命平均在十歲左右，根機極為陋劣，殘忍性極強。刀兵劫的眾生如果還能夠遇到這部《無量壽經》所宣說的念佛一法，能相信，能發願，能稱名，也都可以蒙阿彌陀佛的大悲願力，帶業橫超到極樂世界去。

淨土法門乃一切世間極難信之法，就目前我們這個世間的眾生人壽七十歲、八十歲的時候，我們都不大能夠相信這個法門，那刀兵劫的眾生還能相信嗎？佛對此有個精闢而形象的比喻：就像油燈在最後熄滅的那一剎那，會突然迴光返照一下，燈火很熾盛。就好像人在死亡之前，可能會有幾個小時甚至幾天精神忽然特別好，但隨後會進入死亡過程。釋迦佛的法運亦復如是，這一百年就是最終消失前短暫的迴光。那時的眾生的根機恰好比較利，能體會到刀兵劫的劇苦，此刻忽然聞到了阿彌陀佛的名號，他那種一往情深和一心歸命的心就油然而生，沛然莫禦。此時悲切念佛，求往生出苦海的心，自然會與阿彌陀佛悲心相應，蒙佛悲願攝受，即可往生極樂世界。這段經文彰顯出釋迦牟尼佛極重的大悲愍念眾生之心。刀兵劫是無明黑暗極其深重的時候，然在眾生惡業濁浪滔天的彼時，念佛法

門仍然能夠作為慈航，運載眾生脫離苦海，在茫茫暗夜中，六字洪名依舊可以成為爍破黑暗的慧炬，引領念佛人速出火宅，這是何等慈悲與勝妙啊！

加持這部經典最後住世一百年，也表明兩土世尊悲心憂念未來的惡業眾生，特別是法滅盡時劇苦的眾生。這就好像父母去世之前，要為那些殘疾的子女準備好田產資財，以使他們將來不至於飢寒困苦而死。在所有的大小乘經典都滅盡之後，還要仰靠這一部《無量壽經》所宣示的淨土法門，為刀兵劫劇苦眾生作最後的救度，給予他們最後的脫離險境的機會。若無至極的悲心，何能事先預備好這樣的救度方法。思惟於此，方知佛恩浩大，欲報佛恩，昊天罔極。

在末法情態越來越深重的時候，眾生的根機亦

■〔明〕《十方佛赴會圖》法海寺大雄寶殿東壁

越來越陋劣，此時此際，唯有淨土法門能夠當機，能夠惠以眾生真實之大利。只要有六字洪名存在於這個世間，也就是佛的正法還在這個世間，六字洪名的消失也即是釋迦佛的法滅，二者緊密相依。因此，六字洪名即是十方諸佛相傳之慧命，亦即一切眾生出離三界火宅之根本。這個法門住世百年，非常奇特，我們要感戴佛恩。

二、五濁惡世，非念佛必不可度

五濁惡世，非念佛必不可度。這個判言來自蕅益大師。《阿彌陀經》中，十方諸佛出廣長舌相讚歎釋迦牟尼佛「二難」，釋迦牟尼佛自己也認可是很難——「是為甚難」，《彌陀要解》對這段經文的這種詮釋，蕅益大師真的抓到了核心。不僅僅是一個讚歎而已，這裏面包含着深刻的含義，透過這個二難來表達，離開念佛法門，一切眾生不能度脫三界的苦海。通過五種濁惡的情態，跟念佛的五種不同的特質，一一相應地去觀照，非常精闢。

首先，從劫濁來看。劫濁是對五濁總的概括，是指一切濁惡之法聚會之時。「劫」是時間概念，所有的濁法在此時期會集。這個時代的觀念是顛倒的，人心是險惡的，眾生煩惱是很重的。生態問題、環境問題、戰爭問題、瘟疫問題、自然災害問題，全都會聚集在這麼一個時代。生活在這個時代，這個時代的價值觀對於我們是有影響的。這個時代都在追求功利，有多少能超越這個功利的？這個時代都為這種欲望所驅趕，誰能夠少欲？由於受到這個時代的種種價值觀、生活方式、欲海狂濤，你就被種種的苦難所逼迫。

投生於這個劫濁的時代，亦是吾人業力使然。人壽減到二萬歲時（迦葉佛出世時），就開始進入五濁惡世。釋迦牟尼佛是人壽百歲之時來此世間示現作佛的。現在又過去了兩千多年，到現代人壽平均七十來歲，此時的濁惡情狀又比釋尊住世時深重了許多。可見吾人是受重業牽引才在這個時空點投生於人道。

在此劫濁，按通途佛法，若欲出離三界，那就必須要消除惑業。惑就是見思惑，一定要斷了見思惑，才能夠離開五濁惡世。如果按這個標準，我等凡夫基本上是絕望的。幸好淨土法門有帶業往生的特點，才帶來了令吾人橫超三界的希望。是故在此劫濁當中，「非帶業橫出之行，必不能度」，正是淨土法門帶惑業橫超的特點決定了對治劫濁的奇特超越性。

其二，見濁，就是知見上的顛倒。見濁包括身見、邊見、見取見、戒取見和邪見，這「五利使」快速地驅役着我們，令我們在邪見的港灣裏難以出離。首先是身見，執着這個四大假合的身體的真實性，這是現在眾生基本上無法擺脫的一個邪見。除此之外，這個時代還有種種學說、種種哲學、種種宗教、種種外道湧現……知見紛雜，邪見增盛。

當邪知邪見越來越盛行時，吾人的是非邪正的判斷力會越來越弱。是故，處在此見濁的時代，絕對會被邪知邪見所纏繞，尤其在網路時代，資訊發達，接觸到種種知見，加之吾人從小又沒有建立儒道釋三家的正確知見，於是面對種種邪說，根本上就沒有判斷能力，只會憑感覺，覺得這個講得不錯，那個也講得很有道理。邪師說法，如恆河沙。這個時代邪師甚麼都敢說，處處標榜自己，聳人聽聞，以邪見來籠罩沒有智慧的人。

處在見濁之中，幸虧有淨土法門為我們提供了對治的勝妙方法。淨土法門單刀直入，但念阿彌陀佛名號，就能夠對治見濁，不假方便，自得心開。不需要去瞭解那麼多理論，也不需要非得通宗通教，直接從信心下手，直接從名號下手，甘願做愚夫愚婦，縱然甚麼教理都不懂，但只要真信阿彌陀佛就可以。見濁對這樣的信眾就無法產生誘惑力。所以，蕅益大師說「見濁中，非不假方便之行，必不能度」。

其三，煩惱濁就是「五鈍使」——貪、瞋、痴、慢、疑。同樣也在這個時代日益增長、熾盛，使得我們的內心動盪不已，痛苦不堪。

煩惱與生俱來，外部的環境又不斷地激發着它，比如各類廣告、影視、網路、書刊等無不以種種方法勾起吾人的欲望，所有的不如意引發吾人的瞋恨心。因此，處在此煩惱濁當中，吾人絕對離不開貪欲，而貪欲就像陷阱，就像沼澤地帶，使我們越陷越深。被惡業的毒素所螫，就像被蜜蜂螫刺一樣。

我們冷靜反省一下自己，可不是煩惱具足嗎？就是甚麼都不幹，坐在那裏，都是煩惱往外湧流，無有片刻的寧息，苦哉，舉心動念無不是罪、無不是惡的我等眾生呀，修行該從何下手呢？

所幸，有淨土法門。在煩惱濁中，非即凡心是佛心之行，必不可度。念佛法門無取無捨，雖然吾人是以生滅心念佛，但若能具足信願至誠地去念，那能念的心就是佛心，「是心作佛，是心是佛」，單刀直入，才能度過煩惱濁。念佛念得相應了，煩惱就會平淡很多了。因為阿彌陀佛的名號中有清淨光對治我們的貪欲，阿彌陀佛名號有歡喜光對治我們的瞋恨，阿彌陀佛名號有智慧光對治我們的愚痴。即凡心是佛心，不假方便，暗合道妙，就能度脫煩惱濁。

其四，眾生濁。眾緣和合的身體，由於有見濁、煩惱濁，使我們的舉心動念、行為造作，導致種種惡果。這些惡果令吾人所感得的身心都很陋劣，身體是色法，心是精神現象。身體常有很多疾病，氣血不通就會疼痛，體質很差，弱不禁風。同時，心理狀態封閉、陰暗、抑鬱，沒有陽光的心態，多疑易怒，過於敏感，甚至神經質，心神不寧，經常焦慮失眠等等。我們的色、心是如此的陋劣，這都是見濁、煩惱濁所感得的苦惱的業報身。

■〔西夏〕《西方淨土變與會聖眾局部》榆林 3 窟

處在此眾生濁當中，我們往往被身見所控制，對身體很是貪愛，非但意識不到自己的污穢不淨，還天天想盡辦法滋補，塗脂抹粉好打扮。安於這個身體的臭穢，不能洞然覺察身體污穢的本質以及生命的苦、空、無常的真相。由於心理上的不自信，又甘於劣弱的心理狀態，無法承擔「自性本來是佛」的智慧理念。如果對他說：「你也有佛性，未來終當作佛。」他一聽，或會嚇得直往後退：「不行不行，我哪能成佛？我業障重。」他不敢直下承擔。如勸勉他說：「若汝信願念佛，今生定能往生西方極樂世界。」他一定會回答：「我業障太重。你們都能往生，我往生不了，我不行。」他就是這樣安於怯弱，不能奮飛。

為此，淨土法門有一勝妙方便，能讓怯弱眾生從眾生濁中超脫出來，這個方便就是厭離娑婆、欣求極樂。以八苦為師，當身體生了病，甚至患了癌症，這時候就要厭離這個苦難的業報身，要認識到它是我們多生多劫的見思惑煩惱的結晶。厭離這個業報身的痛苦當下，欣慕如來金剛那羅延的身體，要完成這種轉換。淨土法門昭示：只要往生極樂國，就能獲得如來身。厭捨這個世間的毒身，欣取極樂世界的清虛之體，便善巧地超越了眾生濁。否則，沒有這種轉換、這種超越性，在眾生濁當中身體生病，心理不健康，甚至要到精神病院。在這種情況下，他怎麼辦？生不如死。這個身體的疼痛、心理的障礙不能超越，有些人甚至跳樓。儘管自殺，然業力債務並未了清，並不能根本解決問題。可見，淨土法門對於處在眾生濁中的吾人而言，可謂救命神丹！

其五，命濁。這是指我們的壽命短暫。因果並劣，由於我們有見濁、煩惱濁這個因，感得的眾生濁這個身心的果，因和果都很陋劣，作用在我們的壽命當中，就很短暫。

實際上，在人生的各個階段，吾人都有死亡的危險。或者胎死腹中，或者夭折於嬰兒時，或血氣方剛的青年死於戰爭，或事業有成的中年死於車禍，或龍鍾衰老時死於疾病。可見，各個年齡段都伴隨着死亡的陰影。人的壽命最長也不過一百來歲，人口當中極少的一部分人能活百歲，一百來歲。但大家有個顛倒，就以為人的平均壽命就已經到了百歲。不知道前面有多少死亡的人墊底，才有那麼一小部分活到一百來歲的，能把一百多歲的高限的壽命來作為人的平均壽命嗎？在這個五濁惡世，減劫的時候，大家不要被那些醫學家所忽悠，他們總是給我們傳達消息：隨着醫療技術的發展，人的壽命越來越長。報刊雜誌都在給我們灌輸這個觀念，灌輸久了，我們還覺得人的生命會越來越長。要打平均數。處在減劫當中，由於我們的見濁、煩惱濁所感的眾生濁，一定是壽命短暫的，不可能是壽命長的，從道理上來說是說不通的。那古人發育晚，三十歲才結婚，他們的壽命都很長。現在的人十幾歲就發育，就被種種欲望所控制，他能長壽嗎？

處在命濁當中無常隨時到來，生命就是石火電光。多少人睡在牀上，第二天早上起不來的，醫學上叫猝死啊；或者一個地震、海嘯過來，措手不及；或者一個瘟疫來，你也沒有辦法。所以在命濁當中，死亡隨時到來，也不知道甚麼時候到來。措手不及的時代，一定要有一種法門，能夠讓我們不要多費很長的時間或者多少劫來修行，也不需要捍勞忍苦勤勞之行多少多少年、多少劫的修行，才能度過命濁。因為我們生命太短暫了，我們沒有那麼長的時間來積功累德。淨土法門所需要的修行時間，《阿彌陀經》只是講，若一日到若七日，《無量壽經》更是直接表述為「至心信樂，欲生我國，乃至十念」，《觀經》的「下品下生章」還告訴我們，在地獄相現前之時，念佛十聲乃至一聲，感通佛力，就能帶業橫超，往生極樂。十聲乃至一聲念佛感通往生，就可以直接解決命濁的困境。

蕅益大師甚為深情地開示：信願莊嚴這一聲「阿彌陀佛」，就能轉五濁為五清。第一，轉劫濁為清淨海會。娑婆世界劫濁是各種濁法聚會之處，念佛往生淨土，極樂淨土恰是種種清淨之法聚會一處。第二，轉見濁為無量光。這個世間的眾生有百千萬億種顛倒的知見，有見濁就沒有智慧，然而往生到了極樂世界，就能獲得無量大智慧光。第三，轉煩惱濁為常寂光。煩惱濁的自性本體就有着涅槃的三德，「常」為法身德，「寂」為解脫德，「光」為般若德。往生西方淨土，吾人性具的涅槃三德即可現前。第四，轉眾生濁為蓮華化生。我等眾生因愛欲投胎，身心都很陋劣，而極樂世界是蓮華化生，身體是金剛那羅延之如來身，心理則是離開人法二執的大慈悲心、大智慧心。第五，轉命濁為無量壽。在這個世間，生命很短暫，而極樂淨土往生者的壽命是無量無邊阿僧祇劫。此轉五濁為五清之勝妙功德，乃阿彌陀佛果德慈悲恩賜所致。

如果我們不能深知五濁惡世很難出離，就會在心裏打妄想：是否還有其他的奇妙之法可以離開五濁惡世？如此一念疑心，就會對念佛一法的深信形成障礙，也就不會把念佛放在至高無上的位置。於是便在這個三界火宅中貪染五欲，被邪知邪見所籠罩，還時常去爭論法門的高低，戲論紛然。因此，唯有深知五濁惡世靠其他法門甚難出離，唯有念佛方能度脫，才能夠死盡偷心。死盡偷心，就是死盡「或有比淨土法門更好的法門」這個偷心，才能夠將南無阿彌陀佛六字洪名視作至寶，寶此一行。釋尊之所以要說「在這裏成佛難，為眾生說淨土法門難——是為甚難」說這兩種難，是深刻地囑託我們要深知五濁難以出離，非念佛必不能度，婆心悲切，吾人當如是信行。

三、往生極樂為今世修行的唯一目標

我們信解、領納這個理念，自然就能建立一個矢志不移的目標：將當生往生淨土作為吾人斯世修行的唯一目標，不再去打其他的妄想。不要再去求願來生還要在這個世間行菩薩道，生生世世地積功累德，最後在這娑婆世界成佛；或者下輩子童真出家，一聞千悟，轉大法輪；或者下輩子作大國王來護持正法等等。不要再去發這些與淨土法門不相應、與釋尊發遣和彌陀攝受相違的願。須知，釋迦、彌陀兩土世尊就是讓我等眾生當生往生淨土，不隔異生。我們一定要聽佛的話。

最後，以徹悟大師的一首《念佛偈》作為結語。徹悟大師早先參禪開悟，以後受永明延壽大師的啟迪，歸信淨土，便一門深入，老實念佛，不換題目。他寫的很多的偈頌，包括《念佛伽陀》，非常具有淨土的情懷和教理的明徹。他有一首《念佛偈》云：

要作蓮池自在人，娑婆肯更惹紅塵。
心神早送歸安養，此地空餘鏡裏身。

意謂當下的心願是一定要作極樂世界七寶蓮池中的大自在人，這是這一世生命的終極目標。建立了這個目標之後，在娑婆世界還能再去纏繞、追求五欲六塵嗎？須知，滾滾的五欲紅塵是導致我們輪迴的主要因素，一定要遠離！要趁早將心神送到極樂世界去，其標誌是極樂世界的蓮池中有一朵標上自己法名的蓮苞。這意味着雖然身體還在娑婆，然心神已先去極樂世界報到了。須知生命中最重要的是這顆心，是屋子（身體）裏的主人翁，主人翁先去極樂世界了，在這個娑婆世界留下的，就只是業報身了。這個業報身，你也不要提前結束，還得要順應世法，過完這一世命定的壽命。但是要明白，這個身體是鏡子裏面的身，是不真實的，是我們的業緣所現的幻影，鏡裏身本質上是空的，我們不要被這個假合的虛幻身體所蒙騙，不再認賊為子了。

如果心神已到了極樂世界，那在娑婆世界就空餘鏡裏身，就逢場作戲，隨分隨力，把鏡裏身的壽命過完，當然，不要天天睡懶覺，要抓住這個業報身好好修行，好好念佛。要知道，娑婆世界修行一日夜，勝過極樂世界修行百年。這個世界很難修行，你還能夠努力修行，還要抓住這個機會。比如修六度，首先布施，這個地方有布施的機會，多少窮人吶，極樂世界想修布施還沒得機會。這個地方修忍辱波羅蜜很好啊，打我們的、罵我們的、對我們不公正待遇的，多得很吶，冤家對頭很多，你好好在這修忍辱波羅蜜。到極樂世界，你想修忍辱波羅蜜還沒得機會，大家都見了相互讚歎，諸上善人俱會一處。

「要作蓮池自在人」是我們今生唯一的目標。希望在座的諸位聽了這六次的講解，以及通過未來傳播的光碟，使所有的蓮友都能夠在極樂世界喜相逢！

南無阿彌陀佛！

迴向偈

願消累劫諸業障
願得福慧日增長
願盡此生出娑婆
願佛接引生安養

南無護法韋陀尊天菩薩

ཡི་གེ་ཉི་ཤུ་རྩ་དྲུག་པ་འདི་དགེ་ཚའི་ནང་དུ་བཞག་ན་དགེ་ཆ་དེ་ཅི་འདྲར་
བགོམས་ཀྱང་ཉེས་པ་མི་འབྱུང་བར་འཇམ་དཔལ་རྩ་རྒྱུད་ལས་གསུངས་སོ།།

普為助印及讀誦受持
展轉流通各佛經者迴向

願以此功德　消除宿現業
增長諸福慧　圓成勝善根
所有刀兵劫　及與饑饉等
悉皆盡滅除　人各習禮讓
讀誦受持人　輾轉流通者
現眷咸安樂　先亡獲超升
風雨常調順　人民悉安康
法界諸含識　同證無上道

廬山東林寺網址 www.donglin.org
大安法師網路專輯 www.daanfs.cn
《淨土》新浪博客 http://blog.sina.com.cn/0jt0

大安法師講淨土

江西廬山東林寺

《淨土》新浪博客

廬山東林寺福田

大安法師新浪微博

淨土資糧信願行續編

作　者　釋大安
出　版　商務印書館（香港）有限公司
香港筲箕灣耀興道三號東滙廣場八樓
http://www.commercialpress.com.hk
發　行　香港聯合書刊物流有限公司
香港新界荃灣德士古道二二〇至二四八號荃灣工業中心十六樓
印　刷　寶華數碼印刷有限公司
香港柴灣吉勝街勝景工業大廈四樓A室
版　次　二〇二三年十二月第一版第一次印刷

ISBN 978 962 07 6720 3
Printed in Hong Kong